AF191416

Anne Mohr-Bartsch

Glückliche Kinder, entspannte Eltern

unsere Kinder besser verstehen und begleiten

Copyright © 2016      Anne Mohr-Bartsch, München

Herstellung und Verlag      BoD - Books on Demand,
                            Norderstedt

Umschlaggestaltung      Andrea Grasberger

Titelbild      Fotolia – Urheber: velazquez
               Lachendes Kind in Hängematte

Satz und Layout      Markus Schmid

ISBN      978-3-848-21122-7


www.craniosacrale-traumatherapie.de

Anne Mohr-Bartsch

# Glückliche Kinder,
# entspannte Eltern

unsere Kinder besser verstehen und begleiten

# Inhalt

# Danksagung

Meinen Kindern Benedikt, Katharina und Johannes gilt ein ganz besonderer Dank. Sie gehören zu meinen größten Lehrern! Sie haben mich gelehrt erwachsen zu werden, Verantwortung zu übernehmen, meine eigenen Grenzen besser kennenzulernen und eine besondere Freude am Leben zu finden. Durch die anfänglich schwere Erkrankung meines jüngsten Sohnes habe ich von der Schulmedizin den Weg in die alternative Medizin gefunden. Danke – meine über Alles geliebten Kinder!

Tiefste Dankbarkeit für das Vorbild meiner Mutter erfüllt mich bei allem, was ich schreibe. Sie hatte eine unglaubliche Begabung mit Sprache umzugehen und Freude am Schreiben. Leider konnte ich Dir das zu Deinen Lebzeiten nicht mehr sagen. Danke Mama!

Die Gabe mit Menschen umzugehen und sie auf ihrem Lebensweg mit Hilfe der Psychologie zu begleiten, durfte ich von meinem Vater erben. Danke Vater!

Ein besonderer Dank gilt meinem guten Freund Winfried Altenburger, der alle meine Bücher mit großer Geduld lektoriert, mich beraten und ermutigt hat. Danke Winie!

Ebenso ein großes Dankeschön an Markus Schmid, der mir nicht nur bei allen technischen Fragen und Problemen immer zur Seite steht. Danke lieber Markus!

Auch an Carolin Widmann, die mir immer wieder Mut gemacht hat, wenn er mich verlassen hat. Danke liebe Caro!

All den lieben Freunden, die einzelne Kapitel oder das ganze Buch gelesen haben und ehrliche Kommentare abgegeben haben – vor allem an meine liebe Stiefmama Doris Maisch, Sabine Meinke und Barbara Burck, die noch einmal alles Korrektur gelesen haben. Danke Euch für die Arbeit, die Ihr Euch gemacht habt!

Danke an mein tolles und kompetentes Praxis- und Seminarteam!! Ohne Euch wären so viele Dinge gar nicht möglich. Mit Euch zusammen, schaffen wir es, viele kleine und große Patienten toll zu begleiten und versorgen, immer wieder neue Erfahrungen zu machen und zu teilen! Ihr habt mich immer wieder ermutigt weiter zu machen! Danke!

Danke dem Flüstern aus einer anderen Welt, das all die Ideen, die Kreativität und die Liebe in meinem Herzen lebendig sein lässt!

# Vorwort

Seit 1986 arbeite ich in eigener Praxis mit Erwachsenen und ein paar Jahre später habe ich angefangen mit Babys und Kindern zu arbeiten. Es hat nicht lange gedauert, bis ich für mich herausgefunden habe, dass weder Körpertherapie noch Psychotherapie alleine zum Ziel führen. In vielen Fällen ist nur die Kombination das, was am besten wirkt. Die Zahl der Babys und Kinder in der Praxis steigt enorm. Die Themen Allergien, Angst und Aggression haben stark zugenommen und ich finde das erschreckend. Wir leben in einer Zeit in der viele Eltern zu wenig Zeit, Nerven und Geduld für die Kinder haben, verunsichert sind. Kinder, die nicht mehr Zeit für ihre Kindheit haben und permanent von Medien überflutet sind. Das Thema Stress steht auf allen Seiten im Vordergrund.

Mein Wunsch ist es ein Verständnis für unsere Kinder zu schaffen, das ihnen dabei hilft sich in unserer schnelllebigen und chaotischen Welt besser zurecht zu finden und zu bewegen.

Wenn Eltern, Großeltern aber auch unsere Mediziner und entsprechendes Fachpersonal ein wenig mehr hinter das rein medizinische Fachwissen schauen – dann kann sich vielleicht ein liebevolles Verstehen von Symptomen und Verhalten unserer Kinder entwickeln. Ein neuer Umgang mit vielen Problemen wäre dann möglich und es würde leichter werden – für Eltern und Kinder.

Neulich bekam ich einen Anruf einer jungen Mutter, die nach einer Behandlung ihren Folgetermin absagte mit der Begründung: „Ich und mein Arzt halten das für überflüssig!" Beim ersten Termin zeigten sich Mutter und Kind durch einen

Notkaiserschnitt und das voraus gegangene Prozedere hoch traumatisiert. Abgesehen von strukturellen Problemen beim Baby, hielt die Mutter ihr Kind wie eine Puppe. Es macht mich traurig, wenn dadurch beiden die Möglichkeit einer Auflösung ihres Dramas genommen wird. Meist ist die Behandlung nicht sehr aufwendig aber sehr effektiv. Mit Hilfe von Craniosacraler Traumatherapie und eventuell EEH (emotionaler erster Hilfe), Zellheilungsprozess o.ä., sind die meisten Anfangsthemen gut zu behandeln.

Wenn diese Mutter von vorne herein besser informiert gewesen wäre, dann wäre vielleicht nicht einmal der Kaiserschnitt notwendig gewesen.

*Wenn ich verstehe wie was funktioniert, dann kann ich etwas tun oder zumindest neu darüber nachdenken!*

Mein Ziel ist es mit diesem Buch Hintergründe von Verhalten, Symptomen und Entwicklungen aufzuzeigen und dadurch Verständnis zu schaffen. Information, die werdenden Eltern dabei hilft schon im Vorfeld etwas zu tun, für frisch gebackene Eltern, damit sie die Bedürfnisse und Botschaften ihres Kindes besser wahrnehmen können, vielleicht auch für Fachleute, die sich über dieses Thema noch ein Stück intensiver informieren möchten. Es liegt mir am Herzen, zwischen der klassischen Schulmedizin und alternativen Möglichkeiten zu vermitteln. Manchmal ist schon allein das Bewusstwerden und Erkennen von bestimmten Dingen hilfreich und der erste Schritt in die Richtung einer positiven Veränderung.

Wenn wir einen größeren Einblick in das große Wunder des Werdens und Wachsens bekommen, können wir alle dem kleinen Menschenkind dabei helfen, mit einem großen Stück Mehr an Vertrauen und Mehr an Gesundheit in und durch sein Leben zu gehen. Aber nicht nur das, sondern jeder von uns beginnt vielleicht besser zu verstehen warum wir so sind wie wir sind. Allein das ist schon ein großer Schritt in eine Veränderung. Jedoch ist es wichtig zu verstehen, dass es hier niemals um Schuld geht. Es wäre zu einfach die jemandem in die Schuhe zu schieben. Es wird dadurch auch nie eine positive Veränderung geben. Unsere Eltern und auch wir haben es so gut gemacht, wie wir konnten. Jetzt geht es um ein bewusstes Umgehen mit dem Leben und eine Rückkehr in unser eigenes liebevolles Sein!

Ich möchte mit diesem Buch versuchen ein Bewusstsein zu wecken, das eine Brücke zwischen Wissenschaft, Erfahrungsmedizin und Psychologie baut und dabei hilft viele Fehler zu vermeiden und alte Wunden zu heilen!

Am Anfang meiner Ausbildungen hat einer meiner Lehrer gesagt:

**„Je mehr du weißt, um so größer ist deine Verantwortung."**

Dieser Satz hat mich begleitet und bekommt für mich immer mehr Bedeutung. Mit all diesem Wissen, der Erfahrung und den Ergebnissen fühle ich mich in der Verantwortung all das weiterzugeben. Ich habe nach wie vor große Freude an meiner Arbeit mit einzelnen Patienten – kleinen und großen – und ich unterrichte mit Begeisterung!

# Die Natur unserer Kinder

Dieses Kapitel ist mir ein ganz besonderes Anliegen. Ich erlebe jeden Tag in meiner Praxis, wie hilflos viele Eltern sind, wie verärgert, verzweifelt, wenn sie ein Schreikind haben oder es nicht in dem Rhythmus schläft, wie sie es gerne hätten. Wie absurd, dass wir uns nicht erlauben, unserer Intuition zu vertrauen und ihr zu folgen. Aber es gibt ja so viele Bücher, Ratgeber, eigene Eltern, Verwandte, die es alle viel besser wissen.

Eine junge Mutter rief mich an, völlig neben der Spur, weil sie nicht wusste, was sie machen soll, wenn ihr Neugeborenes wie am Spieß schreit, wenn sie es weglegt ... Ihre Mama hat ihr nahegelegt, sie soll es ruhig schreien lassen, das kräftigt die Stimme! Nachdem ich ihr erklärt habe, was in ihrem Baby vor sich geht, wenn sie es „weglegt", entschied sie sich, ihrem Gefühl zu folgen und es im Tragetuch bei sich zu tragen und es nachts neben sich zu legen. Sie kam zum ersten Behandlungstermin ganz entspannt und glücklich.

Um besser zu verstehen, warum wir selber so sind, wie wir sind und wie wir es bei unseren Kindern besser machen können, müssen wir uns mit dem Thema Liebe beschäftigen. Jeder braucht Liebe. Wenn wir uns nicht geliebt fühlen, sehnen wir uns danach. Aber wir haben auch ein großes Bedürfnis unsere Liebe anderen zu geben.

Liebe kann uns die wunderbarsten, überwältigendsten und größten Augenblicke bescheren, aber ebenso die schmerzhaftesten, vernichtendsten, selbstzerstörerischsten und Seelen zerreissendsten Momente in unserem Leben. Meist nehmen wir uns nicht die Zeit genau hinzuschauen und zu analysieren, was genau ist geschehen und wie kann ich es besser machen. Wenn die Sachen nicht so gut laufen, tendieren wir dazu falsch zu handeln und es noch schlimmer zu machen. Schmerz kann ein guter Lehrer sein und manchmal fangen wir an es besser zu machen. Wenn wir dann etwas älter sind, denken wir: „wenn ich schon früher gewusst hätte, was ich heute weiß!"

Was genau ist Liebe? Wo kommt sie her? Werfen wir einen Blick ins Reich der Tiere. Schauen wir uns die höher entwickelten Säugetiere an, die Wale, Delphine, Elefanten, Wölfe, Hunde, Menschenaffen ... Wo auch immer wir hinschauen, sehen wir eine besonders liebevolle Brutpflege, manchmal in großen Verbänden z.B. bei den Elefanten oder nur als Mutter-Kind-Verbund. Wir sehen bei allen eine wunderbare Zärtlichkeit mit der diese Tiermütter mit ihren Babys umgehen.

Hier fängt Liebe auch für uns Menschen an. Gehen wir davon aus, dass eine Frau gewollt schwanger wird und in einer guten Partnerschaft lebt. Wenn eine Frau sich selbst geborgen und sicher fühlt, wird sie sich sehr bald nach dem Beginn der Schwangerschaft auf das Baby freuen. Sie möchte alles tun, um das Ungeborene zu schützen und es in Wärme und Frieden hüllen. Im Mutterleib kann das kleine Wesen sich einfach entwickeln, seinem eigenen Rhythmus folgen, ein Leben ohne Zeitempfinden. Es hört den Herzschlag der Mutter, ihre Stimme, ihr Lachen, Singen, Husten und die Stimmen der Menschen sich herum. Es nimmt alle Geräusche wahr, alle Bewegungen. All das macht dem Ungeborenen keine Angst – es gehört dazu. Es fühlt sich „richtig".

Wenn ein Kind geboren wird, hat es sich im geschützten Raum des Mutterleibes soweit entwickelt, dass es im ungeschützten Außenraum weiterleben kann. Bestimmte Mechanismen tragen dazu bei, dem Neugeborenen den Anfang leichter zu machen.

Die Geburt ist ein Schock, der z.B. aufgefangen wird durch das Ausschütten von Gammaglobulinen, die als erster Infektionsschutz dienen, eingeschränktes Sehvermögen, das erst nach Abklingen des Geburtsschocks weicht. Ebenso verhält es sich mit verschiedenen Reflexen, dem Gehör und dem Kreislaufsystem. Es sind so viele Dinge, die zum Zeitpunkt der Geburt auf das Kind einwirken. Dennoch kann das Neugeborene – ich gehe jetzt von einer normalen, natürlichen Geburt aus – erstaunlich gut mit all diesen ja eigentlich überwältigenden Dingen umgehen.

In der ersten Zeit nach der Geburt kann ein Kind nur aus der Empfindung heraus leben. Es gibt noch kein „vernünftiges Denken". Es gibt auch kein Gespür für Zeit. Im Mutterleib gab es keine Zeit. Solange sich alles „richtig" anfühlt, das heißt, wenn ein Kind bei der Mutter ist – am Körper getragen oder auf dem Arm, bleibt das auch so. Am Anfang spielt die Nähe zur Mutter sicherlich noch die größte Rolle, schon allein weil Mama auch Nahrung bedeutet. Wenn ein Baby jedoch auch in anderen Armen sicher ist und weiß, dass es wieder in Mamas Armen landet, fühlt es sich immer noch „richtig". Ein getragenes Baby erlebt eine lebendige Welt, die Bewegungen der Mutter oder einer anderen Person, mal einen Stoß oder Knuff, (wie auch im Mutterleib) die verschiedenen Geräusche, Gerüche, es ist dabei und fühlt sich sicher. In dieser ersten Phase seines Lebens hat es keine anderen Erwartungen, es lernt wie es ist am Leben zu sein. Es muss genug lernen: z.B. Kopf und Körper im Gleichgewicht zu halten, eine gewisse Spannkraft zu entwickeln. Es muss lernen wie es sich anfühlt, wenn es von einer Person losgelassen wird und in Berührung mit einer anderen kommt, vielleicht mit der gröberen, haarigen Haut von Vaters Arm, dem Vibrieren seiner Stimme, wenn es auf seinem Brustkorb liegt. Dann wieder das Gefühl nachts bei Mama zu schlafen, gestillt zu werden wenn es hungrig ist.

Die so erlangte Sicherheit, entstanden aus körperlicher Nähe, Wärme, Nahrung, Bewegung erlaubt neue Erfahrungen im Leben des Kindes. Ein Kind, das diese Erfahrungen macht, hat wenig Grund mit Weinen zu reagieren. Es ist zufrieden, weil die Grenzen seiner ihm zustehenden Grundbedürfnisse nicht verletzt wurden. *Jean Liedloff* nennt das Kontinuum.

Diese Sicherheit ist lebensprägend! Das bedeutet: „Ich bin richtig! Ich werde gehört und gesehen! Ich bin sicher!" Diese Sicherheit ist Liebe.

Wenn die Bedürfnisse eines Säuglings sich nach dieser eher passiven Frühphase seines Lebens – in der er aber viele Erfahrungen gemacht hat – verändern, so signalisiert er das von sich aus. Er fängt an zu lächeln, Töne von sich zu geben. Wir als Eltern reagieren darauf und versuchen herauszufinden, was diese Reaktionen erneut hervorruft. Wir verstehen was das Baby liebt, was es als pure Lust erlebt, ebenso wenn es genug hat. Spiele von Nähe und Entfernung beginnen, aber immer wieder die Rückkehr in die Sicherheitszone, ein selbstverständliches Dabeisein. So kann sich jedes Kind auf das Abenteuer Leben einlassen und seinen Vertrauensradius erweitern. Seine Sinne werden immer mehr geschult mit einer großen Vielfältigkeit von Eindrücken und Reizen. So werden entsprechende Verschaltungen im Gehirn bereits angelegt.

Ein getragenes Kind lernt den Rhythmus eines lebendigen Lebens kennen und als „richtig" für sein Leben automatisch zu verinnerlichen. Babys fordern von sich aus Aktion, weil sie das für ihre Entwicklung brauchen.

Der Wunsch nach Körperkontakt nimmt in natürlicher Weise ab, wenn das Kind anfängt zu kriechen und zu krabbeln. Es kehrt zur Mutter zurück um sich zu vergewissern, dass sie da ist. Die Neugier und die Fähigkeit sich auf eine neue Weise zu bewegen verlangt nun einen anderen Radius. Es wird nur nach Körperkontakt verlangen, wenn es in Situationen gerät in denen sein Nervensystem auf irgendeine Art und Weise nicht zurechtkommt. Am Anfang ist sein Ausflug noch kurz und der Bewegungsradius klein und die jeweilige Bezugsperson braucht sich meist nicht einzumischen. Jedes Tierkind hat einen natürlichen Selbsterhaltungstrieb und kann seine Fähigkeiten einschätzen. Genau das hat ein Menschenkind auch. Menschenbabys wird sie jedoch in unserer Gesellschaft oft entzogen – entweder durch übertriebene Fürsorge, die durch die eigene Unsicherheit der Eltern entsteht oder durch Vernachlässigung.

Gibt die Mutter ihrem Kind zu erkennen, dass sie seinen sozialen Instinkten vertraut und auch von ihm erwartet, dass es auch für seine eigene Sicherheit sorgen kann, wird es sich entsprechend verhalten. Wird es jedoch permanent überwacht und bekommt ständig gesagt was es tun und lassen soll, wird es von eigenen Impulsen zurückgehalten, lernt es, dass die eigenen Wünsche und Ideen nicht richtig sind und übernimmt nicht die Verantwortung für seine Handlungen. Ab diesem Moment versucht es die Erwartungen anderer zu erfüllen.

Wenn es jedoch lernt immer mehr Vertrauen in sich und sein Umfeld zu bekommen, wird es immer weniger nach dieser Rückversicherung verlangen und sein Selbstvertrauen nimmt in einer Schnelligkeit und in einem Ausmaß zu, die uns staunen lässt.

Ein Kind, das diese wunderbare Basis der Kontinuum-Erfahrung – wie *Jean Liedloff* es nennt – machen darf, entwickelt sich schneller, sicherer, und nimmt nur noch in Notfällen Zuflucht bei der Mutter. Die direkte Abhängigkeit wandelt sich in ein Wissen von Verlässlichkeit. Es lernt neue Einschätzungen von Raum, Formen, Material und Zeit. Wenn die Haltung der

Mutter oder der Pflegeperson entspannt ist, dann wird diese auch ihren täglichen Gewohnheiten und Aufgaben nachkommen und sich nicht permanent um das kleine Krabbeltier kümmern, nimmt es jedoch trotzdem in seinen Bedürfnissen wahr und gibt ihm seine Rückversicherung. Ein Kind, das so heranwachsen darf, wird nicht mehr verlangen als es braucht, es hat keine Defizite die es auffüllen muss.

Die Mutter versorgt es, einfach weil sie es liebt und sein Dasein keine weitere Begründung für ihre Liebe braucht. Das ist eine Beständigkeit, die nie in Frage gestellt wird. Die Beziehung zum Vater beginnt in dieser Zeit immer wichtiger zu werden. Er gibt dem Kind andere Formen und Anreize des sozialen Verhaltens. So erweitert sich nach und nach das soziale Umfeld, dennoch immer im stabilen, natürlichen Rahmen. Das heranwachsende Kind fühlt sich „richtig“. Seine Persönlichkeit wird respektiert. So entwickeln sich ein absolutes Selbstverständnis und eine Sicherheit im tiefsten Wesen des Kindes. Es weiß, dass es um seiner selbst willen geliebt wird und nicht ob irgendeines Verhaltens oder einer Leistung, die von ihm erwartet wird.

Für einen Säugling ohne oder mit wenig Körperkontakt, ist die Unfähigkeit sein Leiden durch Hoffen (was ein Zeitgefühl voraussetzt) wenigstens teilweise zu mildern, wohl der grausamste Aspekt seiner Qual, so schreibt *Jean Liedloff* in ihrem Buch: „Auf der Suche nach dem verlorenen Glück“. Der Säugling kennt keine Zeit, er lebt im Jetzt. Er ist im Jetzt glücklich, wenn er Körperkontakt bekommt. Wenn diese Grunderwartung nach Glückseligkeit nicht erfüllt wird, so entfernen wir uns langsam aber sicher von unserer Fähigkeit glücklich zu sein! Es fühlt sich nicht „richtig“ an.
Wenn diese natürlichen Erwartungen nicht erfüllt werden, z.B. das Warten auf Zuwendung, dann bestimmt das Ausmaß der Enttäuschung die Entfernung von unserem Potential uns

wohlzufühlen. So entsteht Zweifel, Misstrauen, Angst vor dem Verletztwerden oder am Schlimmsten – Resignation. Wer kennt nicht das Gefühl nicht „richtig" zu sein?

Nach der Geburt beginnt das Leben außerhalb Mamas Bauch und es ist der Teil des Lebens, der die Eindrücke macht, die ein Leben lang wirken. Alles was es in diesem Zeitraum erfährt ist prägend für sein Leben. Natürlicherweise erwartet das Neugeborene direkt nach dem „Verlassen" des Mutterleibes von der Mutter im Außen aufgefangen zu werden. Der Bauch im außen und die Arme der Mutter sind jetzt sein „richtiger" Platz. Wenn dies nicht geschieht, dann stürzt das Kind ins Nichts, aus der Bewegung mit der Mutter, in die Sterilität eines Bettchens oder Plastikcontainers (Brutkasten). Keine Stimme der Mutter, kein vertrauter Geruch. Das gesamte Sein eines Babys will nichts anderes als dass seine Haut von der Mutter umfangen wird. Das Unterbrechen der Mutter-Kind-Verbindung kann bei der Mutter Depressionen und beim Kind Todesängste auslösen. Nicht nur das Kind sondern auch die Mutter wird einer der kostbarsten Lebenserfahrungen beraubt, durch die sie die Hormone ausschüttet, die sie befähigt intuitiv richtig mit ihrem Baby umzugehen. Das Nervensystem eines „getragenen" Kindes entwickelt sich anders. Es fühlt sich sicher, erwünscht und einfach „richtig". Es bekommt eine andere Sichtweise auf das Leben, im Gegensatz zu Kindern, die sich unwillkommen auf Grund fehlender Erfahrungen fühlen und sich möglicherweise an den Zustand unerfüllten Grundverlangens nach Nähe gewöhnt haben.

In meiner täglichen Arbeit erlebe ich so viele sogenannte Schreibabys. Sie alle haben einen Grund warum sie weinen. Eine der Mütter sagte: „Ich lasse mich doch nicht länger von dem Balg tyrannisieren!" Solche Aussagen entstehen immer aus einer eigenen Verzweiflung heraus und der Angst mit der

Situation nicht klar zu kommen. Ich stellte dieser Mutter nur eine Frage: „ ... und wer hält Sie?" Sie brach völlig zusammen. Ich nahm sie in den Arm und sie weinte genauso bitterlich wie ihr Baby. Nach einer Weile schaute sie mich an und sagte: „Ich hab's verstanden!" Man hatte sie selbst als Baby schreien lassen und sie spürte auf einmal die eigene Verzweiflung und Aussichtslosigkeit von damals. Ab dieser Behandlung trug sie ihr Kind in der Manduka und es durfte bei Mama schlafen. Innerhalb einer Woche hatte sich das Nervensystem von Kind und Mutter beruhigt.

Jedoch werden in der heutigen Zeit viele Frauen und Mädchen schwanger und sind konfrontiert mit Stress, einer Gesellschaft, die sich nicht um andere kümmert, mit unsicheren Situationen, Verlassen werden, Gewalt, Drogen. So geht die natürliche Liebe zwischen Mutter und Kind verloren, wird zu einem Kompromiss, Zurückweisung oder Angst.

Die Zunahme am Verkauf von „Erziehungsbüchern" ist gigantisch. *Jean Liedloff*, die lange mit Indianern lebte, machte einmal der New York Times gegenüber die Aussage: *„Ich würde mich schämen, den Indianern gegenüber zuzugeben, dass dort, wo ich herkomme, die Frauen sich nicht imstande fühlen, ihre Kinder großzuziehen, bevor sie nicht ein Buch mit den von einem fremden Mann geschriebenen Anleitungen dazu gelesen haben."*

Das ist nicht die Schuld der Liebe oder der Natur. Es ist die Schuld unserer Gesellschaft, unserer Kultur, ja auch der Religionen und menschlicher Ignoranz.

In einem natürlichen, sicheren Umfeld und guter Ernährung, wächst die Liebe der Mutter für das Ungeborene in dem Maße wie das Kind wächst. Sie beobachtet die Bewegungen ihres Babys und macht sich Gedanken wie es wohl aussehen wird und wohin es sich entwickeln wird. Wenn das Kind dann geboren ist, ist es das Natürlichste auf der Mutter zu ruhen, die Haut zu spüren, den Geruch zu atmen und den vertrauten Herzschlag wahrzunehmen. Die Liebe der Mutter umgibt das Baby und sie fühlen beide diese Liebe. Das sind die Momente der gegenseitigen Freude auf der das „Wachsen" des Kindes eine sichere Basis hat. Es ist der Beginn einer Verbundenheit und Beziehung, die das Kind im späteren Leben stützt und begleitet und wiederum Grundlage ist für zukünftige Beziehungen.

Es ist genau diese Liebe, in der sich das Kind wie in einem Spiegel selbst betrachten, sich selbst versorgen und in seiner Eigenliebe bestärken kann. Dadurch lernt es seinen Körper wahrzunehmen und gut damit umzugehen. Ebenso wird so ein gesunder, wacher und interessierter Verstand entstehen und das Kind wird lernen auf sein Herz zu hören und in Mitgefühl und Freude leben.

Diese Kinder hören auf ihre Intuition, die Sprache ihrer Seele und nehmen Dinge wahr, die außerhalb unserer Ratio liegen und ihnen dabei helfen ihren Platz in ihrem Leben zu finden.

In dieser Liebe wächst und gedeihen das Kind *und* die Mutter. Indem sie ihm Sicherheit und Freiheit, Aufmerksamkeit und Fürsorge gibt, bekommt es die besten Voraussetzungen. Aber auch die Mutter wächst in dieser Beziehung und lernt von ihrem Kind – solange, bis die Mängel und Fehler der Erwachsenen, unserer Gesellschaft und Religionen beginnen das Kind zu konditionieren.

Im Kind selbst ist primär nichts „Schlechtes" – auch wenn uns bestimmte Religionen mit der „Erbsünde" belasten wollen. Dieses Gerücht, dass Menschen mit Sünde geboren werden, dass ihre Natur selbstsüchtig, grausam, machthungrig und gierig ist

– damit kann ich nicht übereinstimmen! Hauptsächlich weil es nicht hilfreich ist! Außerdem glaube ich nicht, dass es wahr ist. Ich bin der Überzeugung, dass diese Qualitäten zum Zeitpunkt der Geburt nicht da sind sondern durch spätere Traumata, Verletzungen und Angst entstehen.

Das angeblich „böse" Kind ist ein misshandeltes Kind – psychisch oder physisch. Nur ein solches wird später zu einem schlechten Erwachsenen und trägt dazu bei eine grausame Welt zu schaffen, wenn nicht jemand zu Hilfe kommt der um die Dinge weiß!

*„Ein geachtetes Kind wird eine andere Welt schaffen, denn unser biologischer Auftrag heißt, menschliches Leben zu beschützen und nicht zu zerstören. Es ist nicht wahr, dass das Böse, Destruktive, Perverse notwendig zur menschlichen Existenz gehört, auch wenn dies immer wieder behauptet wird. Es ist aber wahr, dass das Böse ständig neu produziert und mit einem Meer von Leid für Millionen geschaffen wird, was ebenfalls vermeidbar wäre. Wenn einst die aus der Verdrängung der Kindheit entstandene Ignoranz aufgehoben sein wird und die Menschheit erwacht ist, kann sie die Produktion des Bösen einstellen."* (Alice Miller)

Ich habe so viele Neugeborene und Babys in meiner Praxis gesehen (und das sind Viele im Laufe von fast 30 Jahren), ebenso die eigenen Kinder und ich habe immer nur in liebevolle Augen gesehen. Wenn ein Baby geboren wird, erwartet es, dass die Liebesaffäre, die zwischen ihm und der Mutter im Bauch gewachsen ist, weiter geht, dass diese Erde ein guter Platz für es ist und es ist neugierig und glücklich hier zu sein. Es möchte Beziehung aufnehmen, geknuddelt werden und gehalten. Es braucht Aufmerksamkeit, nicht nur auf physischer Ebene, sondern auch emotional und intellektuell. Es braucht Wärme, Nähe,

Akzeptanz, Anerkennung, die Möglichkeit zu lernen und es ist endlos neugierig.

Sie lieben es zu spielen, machen aus Allem ein Spielzeug und ein Spiel aus jeder Aktivität. Freude und Lachen gehören da ganz natürlich dazu. Sie sind kooperativ, liebevoll und mitfühlend (außer sie werden hintergangen) und ihre Liebe ist für jeden da, der sich ihnen liebevoll nähert, sie zeigen sich zärtlich und vertrauensvoll.

In meiner Praxis habe ich einen zweijährigen Buben erlebt, der sich liebevoll um ein fremdes Baby gekümmert hat, das bitterlich geweint hat. Es war ihm ein tiefes Anliegen, das Kleine zu trösten. Er lief zu seinem eigenen kleinen Rucksack, holte sein Wasserfläschchen heraus und gab es dem Baby während er beruhigende Brabbelworte zu ihm sagte. Wir Erwachsene waren alle zutiefst gerührt über diese liebevolle Fürsorge – und er hat es geschafft! Gott sei Dank hat niemand eingegriffen – wir haben einfach nur zugeschaut ... Nach ein paar Minuten haben die beiden Kinder sich angestrahlt! Dieser kleine Junge ist einem ganz natürlichen Instinkt gefolgt. Ein Instinkt, den wir alle von Geburt aus haben.

Eigentlich sind wir alle so geboren – liebevoll und mit Mitgefühl.

Über Jahrhunderte sind diese Qualitäten in unserer menschlichen Natur gewachsen als es noch Lebensgemeinschaften gab, in denen wir uns untereinander gut kannten von Geburt an bis hin zum Tod. Gemeinschaften in denen Babys das Zentrum einer Gemeinschaft – des Lebens waren. Ein Zentrum, das durchdrungen war von Mut und Zärtlichkeit, dem Spielen und der Freude, der Neugier und Lebendigkeit der kleinen Kinder.

Auch heute sind noch Ansätze davon da, jedoch überwiegt die Ansicht, dass in der Zeit in der sie auf physischer Ebene geschützt werden müssen, man sie mental, spirituell und emotional dominieren muss um einen angepassten gut funktionierenden Erwachsenen daraus zu machen. Wir Erwachsene haben die Macht und den dominierenden Glauben, weil ein Kind klein und schwach ist, nicht weiß wie es geht ein „guter Mensch" zu werden. Wir erziehen, trainieren, disziplinieren und konditionieren, so dass es wird wie wir erwachsenen Erzieher.

Ich glaube, dass dies eine falsche Idee ist und nur dazu dient, den Wahnsinn, den wir auf der Welt schon veranstaltet haben, weiter zu führen.

Am Anfang der menschlichen Geschichte lebten alle Menschen in Stämmen zusammen. Das war eine Erfahrung sich sehr nahe zu sein in einem Kreis Gleichwertiger, die sich gegenseitig geschützt und sich um einander gekümmert haben. Unsere frühen Vorfahren haben sich einander mitgeteilt und eng zusammen gearbeitet. Das hat Sprache entwickelt und letztendlich die Fähigkeit zu planen, abstrakt zu denken – uns menschlich zu machen. Es ist wie ein Experiment, das sich über Millionen von Jahren entwickelt hat. Wir rechnen mit dem Bestehen der menschlichen Rasse vielleicht seit hunderttausend Jahren. Hunderttausend Jahre in denen Menschen in einem Zusammenschluss gelebt haben, sich gemeinsam um die Kinder, die Alten und Gebrechlichen gekümmert haben, sich gegenseitig beschützt und gefördert haben. Sie haben als Gemeinschaft, Dorf oder Stamm gedacht und gehandelt – einer für alle und alle für einen. Es war eine völlig andere Denkweise.

Ich habe einen alten indianischen Lehrer in meiner Verzweiflung und Verwirrung über die Menschen und das was auf der Erde geschieht gefragt: „Was ist falsch gelaufen mit uns Menschen?

Warum sind wir unmenschlich, gewaltbereit, selbstsüchtig, gleichgültig gegenüber dem Leiden, so gierig?" Die Antwort die er mir gab, war: „Sie haben die Anweisungen und die Sprache ihres Herzens vergessen!"

Die **erste** Anweisung lautet – Respekt. Menschen heutzutage respektieren sich selbst nicht, nicht ihren Körper, ihren Geist und ihr Herz. Sie respektieren Frauen nicht, die Alten und ihre Kinder. In den alten Stammeskulturen war all dies respektiert.

Die **zweite** Anweisung lautet, dass wir Menschen in Verbundenheit und bestimmten Gemeinschaften miteinander leben sollen. Auf diese Weise ist es möglich sich umeinander zu kümmern und sich gegenseitig zu unterstützen um ein besseres Leben zu haben. Alle sind in dieser Gemeinschaft gleichwertig und jeder muss gehört und geehrt werden.

Die **dritte** Anweisung lautet – Dankbarkeit. Um ein gutes und glückliches Leben führen zu können, ist die Wertschätzung dessen, was uns gegeben ist, unbedingt notwendig! Dankbarkeit zeigen und miteinander feiern! Dankbarkeit für all die Menschen in unserem Leben, für unsere Nahrung, für die Erde, die Pflanzen, die Tiere, den Wind und das Wasser, für die menschliche Rasse und das große Mysterium, das uns das Geschenk des Lebens gegeben hat.

Aus Recherchen im indianischen Lebensbereich habe ich erfahren, dass Mütter in traditionellen Familien ihre Kinder nie bestraft haben, weder körperlich noch psychisch. Was uns nahe bringt, dass ein Kind nicht leiden muss, weil es „böse" war oder einen Fehler gemacht hat. Es gab auch keine Belohnung für etwas was das Kind „gut" gemacht hatte, besonders schlau war oder mutig. Das braucht es nicht, wenn das Kind das tut was seine wirkliche Natur ist. Sicher gab es die eine oder andere Anerkennung, wenn das Kind etwas Außerordentliches geleistet hatte und es wurde in der Gemeinschaft gefeiert, was gezeigt hat, dass alle dem Kind ihre Aufmerksamkeit und Liebe gaben. Das hat alle glücklich gemacht.

Da hieß es nicht: „wenn du dies oder jenes tust, dann gibt es eine Belohnung." In unserer Gesellschaft werden Kinder oft nur dann geliebt oder anerkannt, wenn sie funktionieren oder noch besser – Leistung bringen! Das kennen viele von uns Erwachsenen auch aus unserer Kindheit.

Wenn ein Kind wirklich Probleme hatte oder sich so verhielt, dass es die Gemeinschaft gestört hat, dann haben sich Menschen aus dem Clan um dieses Kind gekümmert. Sie haben zugehört, seine Gefühle wahrgenommen, versucht zu verstehen, erklärt was es bedeutet ein guter Mensch zu sein und ein Mitglied in der Gesellschaft. Mit einer solchen Zuwendung und Verständnis, ohne das Kind zu blamieren, es in Scham zu bringen (was leider in unseren Schulen sehr häufig ist!), haben die Kinder ganz leicht zurückgefunden zu ihrer Natur – kooperativ zu sein, hilfreich, das Richtige zu tun, weil sie es wollten!

*Die alten Indianer sagten: „es braucht ein ganzes Dorf um ein Kind zu erziehen!"*

Ich möchte in Ihren Herzen die Idee der alten Völker wieder aufwecken: *alle* Kinder sind *unsere* Kinder!

Es gibt nichts Wichtigeres als unser Bestes zu geben, bewusst, verständnisvoll und achtsam zu sein und sich liebevoll um unsere Kinder zu kümmern in allen Interaktionen.

Vielleicht wird uns dann wieder bewusst, dass eine positive, nahe, verständnisvolle und sorgende Einstellung zu jedem Kind, nicht nur für das jeweilige Kind gut ist, nicht nur für die Gesellschaft und die Entwicklung der Menschheit, sondern auch ein erstaunliches Lernen und eine wunderbare und freudvolle Erfahrung des Wachsens für jeden Einzelnen von uns.

Jedes Kind weiß die wichtigsten Dinge von Anfang an. Es kennt seine Umgebung genau, seine Beziehungen, weiß genau wann und wie es lernen und wachsen kann, genau zum richtigen Zeitpunkt. Sie nehmen sich die richtige Zeit, so wie sie diese brauchen. Wir alle haben das gewusst wie wir auf die Welt gekommen sind. Wir haben es wieder vergessen als unsere Kultur, unsere Eltern angefangen haben uns zu konditionieren.

Dann werden wir kleine Erwachsene, alle sehr unterschiedlich und dennoch haben wir einige Dinge gemeinsam nach unserer Geburt. Da ist eine enorme Neugier und das Bedürfnis die Umgebung zu erkunden. In jedem Kind sieht man das Erstaunen und die Freude über alles Neue was es gerade entdeckt hat. Sie beobachten, hören, versuchen zu tasten und fühlen, schmekken und riechen. Sie lernen wie kleine Wissenschaftler in dem sie spielerisch ausprobieren und experimentieren. Wenn wir sie darin unterstützen, sehr achtsam sind und darauf achten, was unser Ansatz in diesem Austausch ist – werden sie *wirklich* von uns lernen!

Wenn wir auf herkömmliche Weise meinen ihnen alles beibringen zu müssen, stören wir das natürliche Lernen, z.B. wenn wir die Freude aus dem Lernen nehmen und wenn wir unsere eigenen Bedürfnisse und vor allem unsere eigene Geschichte in ihren Lernprozess bringen. Indem die Kinder die Möglichkeit haben in der ihnen eigenen Geschwindigkeit zu lernen, die Freiheit haben ihre eigenen Entdeckungen zu machen, werden sie das Gelernte schneller und besser integrieren.

Ich habe z.B. einen kleinen Patienten, den ich schon in Mamas Bauch betreut habe, da die Ärzte wollten, dass er abgetrieben wird, weil er schwerste Behinderungen hätte. Außer, dass ein Arm etwas verkürzt ist, ein Daumen kein Grundgelenk und die Wirbelsäule leicht verkrümmt ist, ist er gesund. Ein süßer, hübscher Junge. Heute ist er 4 Jahre alt und er kann schon bis 20 rechnen: addieren, multiplizieren und bis 50 zählen, weil es ihm Spaß macht und sein großer Bruder mit ihm Zahlenspiele macht!

In einer entspannten und spielerischen Atmosphäre sind Kinder offen zu lernen. Wenn es zu ernst wird, zu streng und kritisch, blockieren wir automatisch das natürliche Lernbedürfnis. Damit fängt die natürliche Stammhirnaktivierung an: Flucht, Kampf oder Einfrieren. Damit kann niemand wirklich etwas Positives leisten. Wenn unsere Psyche ängstlich wird, machen wir zu, ziehen uns zurück, gehen in Verteidigung oder tun so als ob ...

Nehmen wir z.B. die Sprachentwicklung. Babys bringen sich das Sprechen selbst bei. Die Fähigkeit zu sprechen, ist vererbt, in unserer Evolution gewachsen. Wie mit allem Lernen können wir Fähigkeiten behindern indem wir kritisieren, werten, Druck ausüben damit sie etwas genauso tun wie wir es wollen. Ihr Lernen geschieht über zuhören, sie beobachten Mundbewegungen und den Gesichtsausdruck, ahmen nach und spielen mit Tönen und Bewegungen. Wir können ihnen dabei helfen indem wir sie ermutigen, mit ihnen spielen und sie motivieren. Wir können mit ihnen lachen und Spaß mit ihnen haben.

Es ist wichtig das zu verstehen. Dennoch sind Kinder nicht nur Freude für uns. Sie können erschöpfend sein, fordernd, einen wütend machen. Sie können ihre eigenen Probleme haben die ihnen Stress machen, Frust oder Wut. Wir lieben sie deswegen nicht weniger, aber es ist dann nicht einfach unsere Liebe auszudrücken. Wir tendieren dann dazu unsere eigene Irritation, Ungeduld und Frustration an ihnen auszulassen. In dem Moment wo wir selbst emotional reagieren sind es in der Regel unsere eigenen Themen, die damit in Resonanz gehen. Das geschieht unbewusst. Niemand möchte das natürlich gegen das eigene Kind oder irgendein anderes richten. Sie sind definitiv nicht dazu da mit unseren Problemen umzugehen oder sie gar zu lösen, das ist nicht ihr Job. Unsere Gefühle kommen aus den vielen Ereignissen der Traumatisierungen die wir selbst in unserem Leben erfahren haben, jedoch sicher nicht von unseren Kindern.

Mit dem was sie erfahren und gelernt haben machen sie das Beste was sie können um damit umzugehen was *wir* ihnen gegeben haben!

Wir dürfen unseren Ärger, unsere Ängste oder andere Gefühle die uns wehtun und uns überwältigen nicht unseren Kindern aufbürden. Weder unsere Partner, Mütter, Väter oder irgendjemand anderer haben das verdient.

Sie und ich als Eltern brauchen da selber Verständnis und Unterstützung. Für ein Kind verantwortlich zu sein ist riesig, kann Angst machen und erschöpfend sein. Es ist schwer das alleine durchzustehen. Aber die gute Nachricht ist: wir müssen das nicht alleine machen!

Jeder von uns versucht das Beste zu geben was er kann und wenn wir es besser könnten würden wir es besser machen. Wir müssen uns nur bewusst machen, dass die Ansätze unserer kulturellen Konditionierung uns hier nicht dienlich sind, weder für die Kinder noch für das, was sie verdienen.

Es gibt viele Dinge die Kinder nicht wissen und natürlich ist es hilfreich für sie von uns zu lernen was wir wissen. Sie sind begierig von uns zu erfahren. Genauso sind sie offen von Freunden, Menschen denen sie vertrauen oder denen sie sich nahe fühlen, zu lernen.

Aber es gibt da viele Dinge die Kinder wissen. Wir Erwachsene nicht – oder besser – die wir vergessen haben. Als wir auf die Welt kamen haben auch wir sie gewusst. Wenn wir dafür offen sein können, offen um von Kindern zu lernen, während wir ihnen helfen und sie leiten, können wir unseren Horizont erweitern, einen neuen Blickwinkel auf die Welt, die Existenz und uns selbst bekommen.

Ich war als Kind hellsichtig. Ich habe Vieles gesehen, wahrgenommen und gewusst. Ich wusste immer – auf die Minute genau – wann jemand stirbt. Das war den Erwachsenen in meinem Umfeld unheimlich. Jemand sagte: „Weil du das sagst, sterben die Menschen!" Also fühlte ich mich schlecht und habe all diese Fähigkeiten mit Gewalt unterdrückt – ich wollte nicht schlecht sein. Daraus entwickelte sich das Gefühl: ich bin nicht richtig, was mich sehr lange in meinem Leben maßgeblich begleitet hat. Die Erwachsenen in meinem Leben haben es gut gemeint. Sie wollten mich schützen und haben mich traumatisiert. Niemand wollte das. Aber so läuft es immer und wir alle haben mehr oder weniger diese Konditionierungen und meinen, das ist die Wahrheit. So gibt jeder seine Verletzungen, Konditionierungen und seine Sicht der Dinge wieder an seine Kinder weiter.

Zugegeben – es ist nicht immer einfach. Es fordert uns heftig heraus, frustriert uns, verstört uns oder ist schlicht ermüdend mit der großen Energie unserer Kinder umzugehen. Aber keines dieser Dinge macht die tiefe Freude, die wir mit ihnen erfahren können, kleiner. Eine Freude, die meiner Meinung nach die größte in unserem Leben ist!

Ich glaube, damit wir alle die Verantwortung und das Verständnis für unsere Kinder auf eine neue Weise übernehmen können, müssen wir begreifen, wer *wir* wirklich sind!

*Mit jedem Baby das geboren wird, wird ein Christus geboren.*
(Maria Montessori)

Am Anfang war alles da – bei jedem von uns!

*Das heißt „Du und ich ... sind vollkommen gute und heilige Wesen. Wir alle sind wundervolle und gleichwertige Teile der gesamten Schöpfung."*
(Manitonquat)

Das heißt, dass wir alle uns erinnern müssen, zu einem Miteinander, Nähe, Zusammenarbeiten, Gleichheit und Teilen! Für eine lange Zeit waren wir getrennt. Die meisten von uns hatten und haben keine Gemeinschaft von der Geburt bis zum Tod erlebt und wir vermissen das Vertrauen und die Unterstützung, die wir und unsere Kinder so dringend brauchen. Ein Begleiten durch die Komplexität von Beziehungen und menschlichen Gefühlen.

Nachdem wir uns überlegen wie wir die Eltern-Kind-Beziehung zum Besten unserer Kinder und auch für uns selbst gestalten, müssen wir zuerst selbst in den Spiegel schauen.

Ein ganz einfacher Schritt ist, sich jemanden zu suchen, dem Sie vertrauen und ihn bitten Ihnen einfach zuzuhören – für 20 Minuten – ohne sie zu unterbrechen oder Ihnen gute „Ratschläge" zu geben. Dann können Sie das auch umgekehrt machen. Sie werden sehen, wie gut das tut, wenn sich jemand Zeit für Sie nimmt oder umgekehrt. Man nennt das auch „aktives oder unterstützendes Zuhören".

Voraussetzungen für aktives Zuhören:
**Konzentration** auf den Gesprächspartner.
**Anteilnahme** an dem, was der Gesprächspartner sagt.
**Einfühlungsvermögen** in die Körpersprache Ihres Gegenübers.
**Unvoreingenommenheit** – dem andern zuhören, sich von (Vor-)Urteilen zu befreien und zu hören, was tatsächlich gesagt wird. Nachfragen, wie etwas gemeint ist.

Man macht im Leben so viel unnützen Smalltalk. Wie wäre es, hiervon mal etwas Zeit abzuknapsen und für aktives Zuhören zu verwenden? Sprechen Sie über ihre Kindheit und Jugend, was sie bewegt hat – kein Kaffeeklatsch. Alte Dinge – schöne, wie weniger schöne – werden auftauchen und Sie bewegen. Gefühle, Denk- und Verhaltensmuster werden bewusst. Manchmal tut es gut sich eine schwerwiegendere Thematik zusammen mit einem guten Therapeuten anzusehen, oft reicht es aus mit einem Menschen, der sich gerne mit Ihnen austauscht zusammen zu setzen. Es ist eine große Chance es besser zu machen, mehr Mitgefühl zu entwickeln und dabei glücklicher zu sein.

Jeder von uns hat als Kind die unterschiedlichsten Erfahrungen gemacht. Jedes Kind ist von anderen Dingen beeindruckt und nimmt unterschiedliche Eindrücke aus seiner Umwelt wahr und verarbeitet sie auf individuelle Weise. Die unterschiedlichsten Dinge verwirren uns, frustrieren uns, machen uns ärgerlich oder traurig. Auch heilen wir auf die unterschiedlichste Weise und kämpfen uns durch all das, so gut wir es eben können – immer durch den Wahrnehmungsfilter unserer Erinnerungen. Das ist es, was uns formt. Das macht den Unterschied zwischen uns Menschen – dennoch auf eine grundlegende Weise sehr ähnlich. Es ist hilfreich das so zu sehen, denn das ist die Wahrheit über uns und erlaubt uns verständnisvoller, positiver und effektiver miteinander umzugehen.

Ich meine Sie hier als Leser(in) ganz persönlich. Es geht hier um Sie, wer Sie wirklich sind, Ihre wahre Natur! Die Natur mit der Sie in diese Welt gekommen sind, eingegraben in die Gene durch die Evolution.

Ein großer Teil unseres Gehirns, das Frontalhirn oder der frontale cortex, hat dazu beigetragen, dass Sprache sich entwickeln konnte, rationale Auffassungsgabe, die Fähigkeit zu analysieren und das Verstehen komplexer Zusammenhänge in unseren Beziehungen.

Das Frontalhirn entwickelte sich erst nachdem unsere Vorfahren sich zusammengeschlossen hatten um sich gegenseitig zu unterstützen und zu schützen.

Die Entwicklung unseres Bewusstseins entstand durch das menschliche Experiment füreinander zu sorgen, unsere Bedürfnisse zu kommunizieren und den Bedürfnissen anderer zuzuhören. Dadurch entstanden Qualitäten, die jenseits von reiner Ratio liegen.

Es entstand Mitgefühl!

Mitgefühl – Buddha lehrte es, Jesus meinte es. Damit ist Empathie gemeint und für das Wohlergehen anderer zu sorgen. Mitgefühl ist mehr als unser Verstand, es ist das, was wir Herz nennen, der Ort von dem die gesamte Energie unseres Seins ausstrahlt.

Der Verstand entwickelte sich genauso aus dem Bedürfnis zu überleben, wie Kommunikation und Sprache.

Mitgefühl hat eine Qualität die sogar jenseits des Drangs des eigenen körperlichen Überlebens sein kann, z.B. wenn ein Fremder sich selbst in Lebensgefahr bringt um einen wildfremden Menschen zu retten.

Mutterliebe ist bei allen höher entwickelten Säugetieren zu beobachten. Die Liebe der Eltern für ihr Kind dauert ein Leben lang. Nachdem das menschliche Baby viel länger braucht um zu reifen, braucht es unsere liebevolle Zuwendung und Begleitung etwa 20 Jahre lang. Das menschliche Gehirn entwickelt sich auch nach abgeschlossener Pubertät immer weiter. Jedoch hört in unserer Kultur die liebevolle Zuwendung meist viel zu früh auf und es gibt zu wenige Menschen, die unsere Kinder wirklich aus der Kompetenz des Herzens heraus begleiten. Mütter, Frauen, Väter, Männer, sollten Vorbilder sein, nicht nur für die eigenen Kinder. Wenn die Kinder dieser Welt wieder die Erfahrung von Liebe, Hingabe und Mitgefühl machen könnten, dann würde es zu einem Teil ihrer Natur werden – in jeder Kultur und Religion. Jeder Mensch hat das Recht darauf mit dem gleichen Respekt, Anerkennung und Verständnis behandelt zu werden, wie es früher in den alten Stämmen der Fall war. Krieg wäre dann wahrscheinlich ein Fremdwort. Es gäbe keine unmenschliche Behandlung, keinen Missbrauch in unserer Welt. Wir würden alle füreinander sorgen. Frauen, Mütter, Großmütter, Tanten würden respektiert, man würde ihnen zuhören und sie nicht abwerten, missachten, missbrauchen und als Dienerinnen benutzen. Es sind meist die Frauen, die die menschliche Rasse lehren zu lieben!

Es wird auch immer in erster Linie die Aufgabe für uns Frauen sein, dafür zu sorgen, dass sich unsere Kinder „richtig" fühlen, denn nur dadurch schaffen wir schon eine Basis für das kleine Menschlein, die lebenstragend sein wird. Wir sind von Natur aus die erste tiefe Beziehung, sowohl für das Ungeborene als auch die erste Zeit danach. Natürlich spielt auch der Vater eine große Rolle, aber seine Wichtigkeit setzt etwas später ein.

Ein Kind braucht es, sich gewollt zu fühlen, dazu zu gehören, verbunden zu sein, anerkannt, erkannt als die Persönlichkeit, die es ist. Ein Kind braucht Information über sich selbst und die Welt. Ein Kind braucht es sich selbst zu lieben und von anderen geliebt zu werden.

Aufzuwachsen bedeutet nicht zwangsläufig Kampf, sich gegen Ge- und Verbote zu wehren. Es kann auch wie eine Art Tanz sein, der Tanz des Lebens in jedem Lebensalter, wenn es eine gute Anbindung an ein gutes Zuhause hat, es in der Schule gefördert wird und durch gute Freunde.

In unserer Gesellschaft, die immer mehr isoliert und die Bänder der Familie und der Elternschaft schnell verzerrt, geschwächt und zerrissen werden, fühlen sowohl wir als auch unsere Kinder sich verloren. Familientherapien sind heute so wichtig wie nie zuvor!

Wenn wir uns bewusst machen worum es wirklich geht – nämlich sich „richtig" zu fühlen, dann können wir das ganz einfach unseren Kindern in ihr Leben mitgeben. Die gute Nachricht für alle Erwachsenen, die sich „nicht richtig" fühlen, ist, dass wir es immer verändern können!

# Beziehungen aufbauen

*„Kinder sind menschliche Wesen, die unseren Respekt verdienen, mehr als wir selbst, wegen ihrer Unschuld und den größeren Möglichkeiten in ihrer Zukunft:"*

(Maria Montessori)

Um in dieses Thema einen besseren Einblick zu bekommen, ist es notwendig uns an unsere Beziehungen und wichtigen Erfahrungen in unserer eigenen Kindheit mit unseren Eltern oder anderen Erwachsenen zu erinnern. Wenn Sie die Art und Weise betrachten, wie Sie selbst in Ihrer Kindheit behandelt worden sind, werden Sie besser verstehen, wie Ihre Tendenz im Jetzt ist mit Kindern umzugehen. Die Kinder, mit denen Sie umgehen, werden es wertschätzen und davon profitieren. Treffen Sie die Wahl ruhig und umsichtig zu bleiben. Dadurch entwickelt sich ein Verständnis dafür, wie die Kinder die Dinge wahrnehmen und ihr Leben und ihre Zeit erfahren. Es wird Ihnen helfen sich zu erinnern, wie Sie sich als Kind in dem Alter gefühlt haben zu dem Sie eine Beziehung aufbauen möchten.

Lassen Sie uns die Beziehung zu jedem Kind, zu allen Kindern betrachten. Die beste Basis ist natürlich die sogenannte „bedingungslose Liebe". Wenn wir jemanden ohne Bedingungen lieben, dann muss sich derjenige Ihre Liebe nicht *verdienen*. Dann müssen wir uns nicht so verhalten, wie es sich jemand von uns wünscht. Wir lieben jemanden einfach so, wie sie oder er ist, ohne zu schwanken – für immer!

Am Anfang ist das einfach. Neugeborenen kann man keine Bedingungen stellen. Sie sind einfach zu lieben, sie wärmen und erfreuen unser Herz mit dem Wunder, das sie sind. Es ist so einfach ein Neugeborenes zu lieben. Erst wenn sie wachsen, größer werden und sich in der Welt orientieren, dann ist es möglicherweise nicht mehr so einfach und selbst verständlich. Wenn sie damit anfangen, alles Mögliche erfahren zu wollen, Abenteuer erleben, ausprobieren, Fehler machen, einen Saustall verursachen, unsere Geduld herausfordern, mutwillig sind, uns bis aufs Messer ärgern, sie verletzend sind, sie einen erschöpfen, einen verrückt machen, ja einem sogar das Herz brechen und versuchen unsere Liebesfähigkeit bis ins Letzte auszureizen – was dann?

Dennoch – bedingungslose Liebe ist immer befreiend. Wir werden dadurch frei von unseren Forderungen und Erwartungen und können einfach nur unser zartes und freudvolles Gefühl der Akzeptanz für den anderen empfinden. Das heißt nicht, dass wir das was geschieht, gut heißen müssen, aber wir können aus einem besseren Abstand dahinter schauen. Vor allem, wenn es ein Kind ist, steckt immer der Wunsch nach Verständnis und Führung dahinter und das macht es noch kostbarer. Bedingungslose Liebe hilft uns in die wahre Tiefe zu finden.

Für Mütter ist das meistens ein normaler Zustand. Eigentlich für alle Menschen, für alle Männer und Frauen. Liebe ist der Geist der Schöpfung in uns allen. Wenn er verloren geht, erstickt und/oder durch Schmerz oder Angst gelähmt ist, dann verlieren wir unseren tiefsten, kraftvollsten Teil unseres Selbst. Bedingungslose Liebe ist rein und unverfälscht.

Bedingungslos geliebt zu werden ist das Recht aller Kinder, aller menschlichen Lebewesen. Wenn alle Kinder dieser Welt bedingungslos von jedem geliebt werden würden, dann würden diese Kinder so aufwachsen, dass sie eine Welt ohne Gewalt und Gier, eine Welt der Liebe und des Verständnisses füreinander erschaffen würden – so wie wir alle uns das wünschen und brauchen würden!

Bedingungslose Liebe ist das kostbarste Geschenk, das Eltern ihren Kindern machen können. Ich würde mal davon ausgehen, dass die meisten Eltern sich das vornehmen. Aber wie schnell entstehen Schuldgefühle wenn das mal nicht gelingt. Das kann ja schon sehr früh anfangen, z.B. wenn ein Baby ein sogenanntes Schreikind ist und die Geduld der Eltern auf die Probe gestellt wird. Sie fühlen sich schuldig, weil es ihnen nicht gelingt „bedingungslos" zu lieben. „Erst wenn du endlich zu schreien aufhörst und sich meine Nerven wieder beruhigen – dann kann ich dich wieder lieben." Schon ist die erste „Bedingung" da. Und in diesem Moment stellen wir unsere eigene Selbstachtung in Frage.

Viele Menschen denken Selbstaufopferung und Selbstlosigkeit bedeuten, dass sie bedingungslos lieben. Das ist aber eine Falle. Es ist eine versteckte Form der Bedingtheit, die wiederum uns als Eltern schwächt, aber ebenso unsere Kinder. Wenn wir uns selbst aufopfern, erwarten wir offen oder verdeckt Dankbarkeit. Schon beginnt ein negativer Kreislauf von Bedingungen und Trennung.

Das Interessante daran ist, dass bedingungslos Lieben eigentlich ziemlich eigennützig ist. Denn wenn es mir gut geht, dann kann ich ohne Bedingungen geben und nur das was ich mit Freude und Leichtigkeit geben kann. Daraus entsteht eine wunderbare Form des Gebens, die mir selbst gut tut. Ich kann großzügig sein ohne, dass es mich auslaugt. So wächst ein positiver Kreislauf – ohne Bedingung und Trennung. Es setzt allerdings voraus, dass wir lernen gut selbst für uns zu sorgen, was die meisten Menschen leider nicht tun. Bedingungslosigkeit bedeutet freie Entscheidungen. Bedingungslosigkeit fördert Kreativität und lässt in uns das Gefühl von Frieden und Freude entstehen, ebenso große Toleranz.

Das große Problem liegt daran, dass wir viel zu sehr auf unser Tun und Handeln fixiert sind und nicht auf unser Sein. Wenn wir bedingungslose Liebe umsetzen – handeln wir. Das hat seinen Ursprung in einem bestimmten Bewusstseinszustand und dieses Bewusstsein ist Bedingungslosigkeit. Dieser besondere Bewusstseinszustand ist der Unterschied zwischen echter Liebe und Liebe, die an Bedingungen geknüpft ist. Unsere Kinder spüren das!

Was bedeutet es eigentlich bedingungslos zu lieben? Ich entscheide mich dafür, dass ich mir erlaube mich wohlzufühlen ohne es an Bedingungen zu knüpfen. Es geht nicht darum, mich erst wohlfühlen zu dürfen, wenn ...

Viele der erschöpften Mamas, die zu mir in die Praxis kommen argumentieren damit: „Wenn es meinem Kind besser geht, dann tu ich was für mich!" Es braucht oft lange um ihnen zu erklären, dass ihre Babys mit ihrem Zustand in Resonanz gehen und sich dadurch nicht wirklich besser fühlen können! Was bedeutet das? Es heißt: das Mitschwingen eines Körpers mit einem anderen. Genauso ist es! Schon das Ungeborene schwingt mit. Ob es der Mutter nicht gut geht körperlich oder seelisch, oder wenn sie glücklich und zufrieden ist, das Wesen in ihrem Bauch schwingt mit. Es bekommt ja auch ihren gesamten Hormon- und Neurostoffwechsel mit. So beginnt die Resonanz und geht nach der Geburt weiter. Das Kind hat gelernt zu spüren, auf einer feinen Ebene wahrzunehmen und auf diese Wahrnehmungen zu reagieren. Das wiederum macht es leichter bedingungslos zu sein, was zur Folge hat, dass vieles nicht mehr so anstrengend ist.

Der Zustand der Bedingungslosigkeit ist etwas Großartiges, was wir Schritt für Schritt erlernen können. Für viele Menschen ist das keine einfache Sache, weil wir mit permanenten Bedingungen aufgewachsen sind.

Unser Denken und Handeln heute ist oftmals von der Logik des Getrenntseins geprägt. So haben wir es gelernt von unseren Eltern, der Gesellschaft und den Religionen. Eigenartig eigentlich – da Religio (lat. gewissenhafte Berücksichtigung, Sorgfalt) etwas mit Verbindung und nicht Ausschluss zu tun hat. In all den Grundreligionen wird von Nächstenliebe gesprochen. Der Begriff stammt ursprünglich aus einem Gebot der Tora des Judentums (Lev 19/18):

*„An den Kindern deines Volkes sollst du dich nicht rächen und ihnen nichts nachtragen. Du sollst deinen Nächsten lieben wie dich selbst."*

Ein Begriff, der im neuen Testament, im Islam, im Buddhismus und in der Verhaltensbiologie anzutreffen ist.

Immer wieder neu ausgelegt und interpretiert wurde und wird dieser Begriff. Wenn ich mich nicht liebe, mache ich automatisch Einschränkungen, weil ich mich nicht bedingungslos annehmen und lieben kann. Wenn ich sage: „Nur wenn ich so oder so bin oder aussehe, dann ..." stelle ich diese Bedingungen auch im Außen. Ich schließe aus, bin voller Zweifel.

All dieses Ausschlussdenken, das Misstrauen, der Zweifel, all unsere Gewohnheiten in negativen Kategorien zu denken und zu fühlen, sind zur Gewohnheit geworden. Aus eigenen Verletzungen entstanden und durch all die sozialen Umstände, Institutionen und Medien verstärkt, die diese widerspiegeln, wird der Zustand des Getrenntseins aufrechterhalten. Das klingt sehr negativ – aber ist es nicht so? Wenn wir aber die Frage stellen: „wie können wir es schaffen, ein neues Verständnis von unserem Selbst, dem Leben, und der Welt zu erreichen?" Wenn wir uns diese Frage stellen, machen wir uns klein und unfähig! Ist das die Welt und das Gedanken- und Gefühlsgut, das Sie Ihren Kindern hinterlassen möchten?

So leben die meisten Menschen in einem Zustand der Bedingtheit. Sie erlauben, dass äußere Bedingungen über ihren Gefühlszustand und ihre Lebensverhältnisse bestimmen. In der Regel interpretieren wir Dinge, Verhalten und Menschen im Außen. Es geht jedoch darum, wie wir uns damit fühlen. Wenn wir Dinge negativ beurteilen, geht es uns schlecht und wir ziehen mehr davon an. Es ist eine tiefe innere Arbeit. Wir können die äußere Welt nicht kontrollieren, jedoch unsere Gedanken! Wir können immer Gedanken finden, die sich besser anfühlen. Letzten Endes werden wir durch unsere Gedanken auch äußere Bedingungen ins Positive verändern. Es kann dadurch eine neue Geisteshaltung entstehen, mit der wir glücklicher sind und unser Wohlbefinden ist nicht mehr von außen abhängig.

Selbst wenn Ihr Kind sich dafür entscheidet nicht folgsam und brav zu sein, wird es durch verändertes Bewusstsein möglich sein, Situationen aus einer anderen Sicht zu sehen. Wenn wir unbedingt etwas auf eine bestimmte Art und Weise wollen, dann werden wir meist scheitern, wenn wir bedingungslos sind, dann öffnen wir neue Kanäle der Kreativität.

Wenn wir in unserer altgewohnten Enge der Bedingtheit verharren, lassen wir Gedanken zu wie:

> ▷ Ich bin eine schlechte Mutter/Vater
> ▷ Wenn mein Kind nicht folgt, dann ist es in Gefahr

- ▷ Was sagen andere Leute/Nachbarn/Freunde, wenn ich anders mit meinem Kind umgehe
- ▷ Ein Kind muss folgen, sonst hat es keinen Respekt vor den Eltern etc.

Intuitiv nehmen unsere Kinder unsere Ängste und Erwartungen wahr. Entweder sie ziehen sich zurück oder sie gehen in den Widerstand und dadurch können Situationen sogar noch eskalieren.

Sie spüren schneller, als jedes Wort bei ihnen gedanklich ankommt. Probieren Sie es aus! Was fühlt sich für Sie besser an, wenn Sie Gefühle des Widerstands haben oder wenn Sie den Widerstand zulassen und aufgeben. Der Zustand des Loslassens fühlt sich leicht und frei an. Sie haben immer die Möglichkeit der Wahl. Widerstand fühlt sich eng und schwer an.

Ich glaube wir alle haben das Potential etwas zu verändern! Jeder Einzelne von uns! An dieser Stelle glaube ich an die Quantenphysik. Ich glaube, dass Alles mit Allem verbunden ist. Vielleicht klingt es völlig verrückt zu sagen: „Es liegt an mir persönlich und an Dir – an jedem, ob sich auf der Welt etwas verändern kann. Ich übernehme Verantwortung für mein Denken, mein Tun und mein Handeln!" Zu denken: „Es ist egal was ich tue, die Welt geht eh kaputt – es ist zu spät!" bestätigt unsere Angst vor dem Abgeschnittensein von Gott, dem Universum – wie immer Sie das nennen wollen. Dieser Gedanke nimmt uns die Kraft und die Macht etwas verändern zu können, macht uns schwach und handlungsunfähig. Wenn ich aber wirklich sage: „Es liegt immer an mir." Dann bin ich kein Opfer, sondern dazu in der Lage mein Leben positiv in die Hand zu nehmen – Verantwortung zu tragen. Wenn ich mir bewusst mache, das wir alle miteinander verbunden sind, dann werde ich dem Anderen nicht die Schmerzen zufügen, die auch mir wehtun, ich werde ihm nicht die Worte sagen, die mich selbst verletzen. Letztendlich geht es immer um Achtsamkeit und Wertschätzung. So möchte ich gerne behandelt werden, also behandle ich auch andere so. Hat nicht Jesus gesagt: „liebe deinen Nächsten wie dich selbst!"?

Das lässt sich gegenseitig befruchtende, vertrauensvolle Beziehungen entstehen. Indigene Völker haben das gelebt und tun es zum Teil immer noch – von ihnen können wir lernen. Von ihnen können wir lernen wie wir auf eine andere Weise mit unseren Kindern umgehen können. Von ihnen können wir lernen eine neue Geschichte zu schreiben, eine Geschichte, die ganz tief in uns schlummert und nur darauf wartet aufzuwachen und gelebt zu werden. Kleine Gesten, die aus dem Herzen kommen, Wertschätzung, Freundschaft, Vertrauen, Achtsamkeit, Mut haben eine größere positive Wirkung als wir glauben. Kinder lernen schneller als wir Erwachsene und mit ihnen wird es gelingen eine neue Geschichte zu schreiben. Wenn wir mit diesem Bewusstsein beginnen unsere Kinder – alle Kinder zu begleiten mit Achtsamkeit und Wertschätzung und nicht als unser Besitztum, dann haben sie größere Möglichkeiten und Chancen diese Geschichte und Beziehungen – ja ich bin so verwegen dran zu glauben – die Welt – neu zu gestalten.

Das klingt ein wenig utopisch, dennoch verstehen wir die Weisheit darin. Unsere Kinder gehören *zu* uns, aber auf eine Weise gehören wir alle zueinander und dem Leben. Das heißt, dass wir nicht mit einem Besitzanspruch mit unseren Kindern umgehen und nicht versuchen sollten sie nach unseren eigenen Wünschen und vielleicht auch unerfüllten eigenen Zielen zu formen – wobei wir hier wieder bei den Bedingungen sind.

**Beispiel:**
Viele Menschen ergreifen den Beruf, den die Eltern sich gewünscht haben und nicht das, was sie selbst gerne erlernen wollten. Das hat in der Regel heftige Auswirkungen.

Ich habe in meiner Praxis eine junge Mutter von 2 Kindern, sie ist Ärztin und depressiv.

*Sie kam vor 2 Jahren wegen ihrer Kinder zu mir. Aber letztlich ist sie das Problem, weil sie depressiv ist, weil sie nicht ihr Leben lebt. Sie hat Medizin studiert, weil ihre Tante, der sie sehr verbunden ist, meinte das wäre für sie das Beste. Schon während des Studiums fand sie es nicht richtig, fand das Ganze belastend, konnte mit der Art der Kommilitonen nicht gut umgehen. Dann hat sie das Studium fertig gemacht, weil man das halt so macht. Sie praktiziert nicht. Inzwischen ist sie auf einem guten Weg und fängt an herauszufinden, was sie wirklich will. Manchmal blitzen ihre Augen schon ein wenig verschmitzt auf.*

Eine „Korrektur" ist immer möglich!

Wenn es zu schwierig klingt, einen aufsässigen Halbwüchsigen positiv zu sehen, dann stellen sie sich ihr Kind wieder als Neugeborenes vor. Sie würden einem Neugeborenen keine Bedingungen für ihre Liebe und Zuneigung stellen. Sie würden nicht sagen: „Ich mag dich solange du ein gutes Baby bist, solange du mich nicht ärgerst oder enttäuschst." Wenn Sie ein Baby betrachten, würden Sie nicht sagen: „Oh – das schaut aber aus als wäre es böse, das Kind wird aber mal Ärger machen – oh, schaut ziemlich kriminell aus, asozial! Könnte ein Dieb werden. Schau dir nur die geschlossenen Augen an – wahrscheinlich ein Lügner! Vertrau ihm nicht!"

Das klingt lächerlich. Was wir in einem Baby sehen ist absolute Unschuld. Es will sicher nicht unser Feind sein. Sie oder er möchte unser Vertrauen, Angenommen werden, Nähe. Das Baby schaut in unsere Augen, es ist neugierig, will uns kennenlernen. Es möchte unser Freund sein. Irgendwann fängt es an zu lächeln und wenn es sieht, dass wir zurücklächeln ist es glücklich. Wir fangen an Gesichter zu schneiden, das Baby lacht. Es will spielen, Spaß haben mit uns. So entsteht eine Verbindung.

Das ist das wonach wir alle suchen – von Anfang an. Eine Verbindung zu uns selbst, immer mehr entdecken wer wir sind, was wir wollen und wozu wir in der Lage sind. Dann bauen wir eine Verbindung nach außen auf zu dem, was uns umgibt, zu Bäumen, Pflanzen, Tieren, dem Kosmos, dem Mond, der Sonne, den Sternen etc. Aber über allem steht die Beziehung zu anderen Menschen. Von Anfang sind wir fasziniert von ihnen, wir wollen ihre Berührung, den Ausdruck auf ihren Gesichtern beobachten den Klang der Stimme hören, Gefühle teilen, Gedanken und Wahrnehmungen. Von dem Augenblick an, in dem wir hier auf der Erde ankommen, öffnen wir uns für sanfte und liebevolle menschliche Berührung.

Man hört oft, dass Eltern nicht versuchen sollen, freundschaftlich mit ihren Kindern umzugehen. Ich kann verstehen was damit gemeint ist. Normalerweise sehen wir keinen wirklichen Grund Verantwortung in Form eines Lehrers oder Begleiters für unsere Freunde zu übernehmen. Aber da gibt es einen wesentlichen Unterschied in der Beziehung zwischen Erwachsenen und Erwachsenen und Kindern – wir müssen Grenzen für Kinder setzen. Das gilt natürlich auch gegenüber Erwachsenen. Wir erlauben nicht, dass jemand in unserer Gegenwart schlecht behandelt wird. Wenn jemand das Wasser oder die Luft verschmutzt, dann müssen wir etwas dagegen tun. Wir erlauben nicht, dass Menschen sich selbst Leid antun. Wenn jemand betrunken ist nehmen wir ihm den Autoschlüssel weg. Wir halten Menschen davor zurück sich gegenseitig zu verprügeln oder von einer Brücke zu springen.

Wir tun das, wenn ein Erwachsener außer Kontrolle ist. Das tun wir natürlich auch mit Kindern. Der Unterschied liegt darin, dass Kinder weniger Wissen und Verständnis über sich und die Welt haben. Es gibt immer wieder Situationen wo wir zu ihrem Wohl eingreifen müssen. Meist geschieht dies, wenn sie sich einer Sache nicht bewusst sind. Deshalb unterbrechen wir bestimmt, aber so ruhig und liebevoll wie möglich. Das ist manchmal nicht so ganz einfach, jedoch sollten wir uns immer wieder bewusst machen, dass es ganz schnell passiert, dass Kinder sich nichts mehr zutrauen oder sich schuldig fühlen.

Beobachten Sie einmal, wie manche Mütter auf Spielplätzen mit ihren Kindern umgehen: „Tu dies nicht, lass jenes, klettere da nicht rauf – das ist zu gefährlich, nein deine Sachen leihst du nicht aus, das ist ein böses Kind, mit dem spielst du nicht, mach dich nicht schmutzig ….“

Die Angst der Mütter und das mangelnde Vertrauen in sich selbst, kommen hier zu Tage. Wie schnell ist da das Vertrauen in die eigenen Fähigkeiten der Kinder gestört.

Es ist so wichtig, während wir unsere Verantwortung für unsere Kinder zu sorgen wahrnehmen, sie sicher durch die Komplexität unserer Zeit zu führen und ihnen dabei zu helfen sich selbst zu entdecken und das Beste aus ihrem Leben zu machen.

Das Konzept der Freundschaft gilt für mich in allen Beziehungen, auch in geschäftlichen. Das bedeutet für mich vor allem in der Beziehung zu Kindern den vollkommenen Respekt vor der Persönlichkeit, die sie sind. Respekt für ihren Körper, ihr Denken, ihre Gefühle, das heilige Wesen, das sie – und auch wir sind.

Der Respekt für ihren Körper beinhaltet sicher zu sein, welche Nahrung sie zu sich nehmen und uns selbst damit auseinandersetzen, was gesund ist und womit wir uns schaden. Es gehört dazu, dass man darauf achtet, dass sie genug Ruhe und Schlaf haben, genauso, dass sie genügend Bewegung haben und eine gesunde Beziehung zu ihrem Körper und ihrem Aussehen entwickeln. Das bedeutet auch, dass wir sie mit Achtsamkeit berühren. Liebevolle, angemessene Berührung tut gut und ist nährend für ein Kind, aber nicht schlagen, pieksen, zwicken – oder kitzeln (das ist aggressives Dominieren als Spaß verkleidet).

Der Respekt für ihr Denken bedeutet nicht, dass wir alles glauben sollen, was sie uns so erzählen und es als Weisheit annehmen. Allerdings kommen manchmal tatsächlich sehr weise Gedanken aus einem kleinen Menschlein heraus. Es heißt, dass wir ihnen zuhören sollen und sie ernst nehmen. Sie nutzen ihren Verstand und ihre Ideen um auf ihre Weise die Welt zu verstehen und das kann man in jedem Alter anerkennen.

Der Respekt für ihre Gefühle bedeutet gut aufzupassen, wenn Kinder ihre Emotionen ausdrücken. Das Entladen schmerzvoller Empfindungen kann in uns den Wunsch entstehen lassen das Ganze herunterzuspielen – oft weil unbewusst unser eigener Schmerz berührt wird – indem wir sagen: „Ist ja nicht so schlimm ... Hat doch nicht so weh getan ... Stell dich nicht so an! ... Sei ein großer Junge ...etc." oder wir versuchen sie abzulenken. Das ist nicht nur respektlos, sondern wir versagen auch darin das wirkliche Erleben des Kindes erfahren zu wollen. Das Schreien, Jammern oder Weinen ist eine Entladung des Nervensystems und notwendig für die Heilung. Wenn das Kind seinen Schmerz entladen darf und es auch noch von jemandem verständnisvoll gehört oder gehalten wird, der einfach gerade da ist, so ist das oft schon genug. Allein schon die Erfahrung, dass ein mitfühlender Erwachsener da ist, indem er dem Kind zu verstehen gibt, wie sehr es ihm leid tut, was geschehen ist, dass er den Schmerz einfach annimmt und dem Kind sagt wie tapfer und toll es ist. Die Versicherung, dass wir da sind solange es uns braucht, lässt sein Nervensystem entspannen. Das Kind lernt so, dass es ok ist in seinem Schmerz und die Hilfe bekommt, die es braucht.

**Beispiel:**
*Vor ein paar Jahren wollte ich zur Mittagszeit, zum Essen gehen. Es war im Februar, Dreckwetter, nasser Schnee. Gerade als ich um die Hausecke bog, hörte ich einen Schrei und dann ein Schluchzen. Ich schaute mich um und entdeckte einen Jungen, etwa 10 bis 11 Jahre alt, der die Fußgängerbrücke mit dem Fahrrad hinunter gefahren war und auf dem Split weggerutscht und gestürzt war. Andere Schüler radelten an ihm vorbei, ein Mann mittleren Alters ging an ihm vorbei und schnauzte ihn an. Als ich endlich bei ihm ankam, sah ich, dass er wirklich verletzt war. Blut lief ihm aus Nase und Mund, die Hose war aufgerissen, die Hände hatten böse Schürfwunden. Ich kniete mich zuerst einmal zu ihm, fragte ihn nach seinem Namen, gab ihm ein paar Kleenex. Dann sah ich mir an, ob ich den Notarzt holen müsse oder nicht. Ich entschied mich dagegen. Er hatte Panik in den Augen. Ich legte ihm meinen Arm um die Schultern, fragte ihn nach seinen Schmerzen und ob man seine Mama anrufen könne. Er hatte ein Handy dabei und gab es mir, seine Hände zitterten … Er wurde immer ruhiger während ich mit seiner Mutter besprach, dass ich ihn nach Hause fahren würde. Das tat ich dann auch, sprach ihm Mut zu, sagte ihm wie tapfer er sei und das schon wieder alles gut wird. Er schaute mich aus dankbaren Augen an und sagte wie froh er wäre, dass ich für ihn da bin.*

Und ich war entsetzt, wie gleichgültig die Menschen sind!

Zwei Wochen später läutete es an der Praxis und er stand mit einer großen Schachtel Merci vor der Türe. Das hat mich sehr gerührt.

Ein Freund ist jemand, dem wir vertrauen können, jemand der ehrlich und geradlinig mit uns ist, der uns erzählt was er weiß und denkt auf eine Art und Weise, die wir verstehen können. Ein Freund ist jemand auf den wir uns immer verlassen können.

Wir können ärgerlich mit unseren Kindern sein, sie aber nie mit Liebesentzug bestrafen. Sie sollten trotzdem immer wissen, dass wir sie lieben, auch wenn sie ihren Kopf nicht durchsetzen können. Sie müssen lernen, wie jeder Mensch, dass man nicht immer haben kann was man will, aber dass Vater oder Mutter für das sorgen was sie brauchen.

Manchmal ist es eine Gratwanderung einerseits so etwas wie ein Leuchtturm für seine Kinder zu sein und dennoch ein verlässlicher liebevoller Freund.

Entweder sie sehen den Erwachsenen als guten Freund oder sie bevorzugen einfach eine andere Bezeichnung – die Essenz jedoch ist Vertrauen. Dieses Vertrauen erreichen wir durch liebevolles Kümmern, Respekt für Körper, Geist, Seele und das Herz, indem wir zuhören, den Wunsch zu verstehen, Ernsthaftigkeit, Beständigkeit und Humor. In unserer Gesellschaft erfahren Kinder und Jugendliche- leider auch oft in unserem Schulsystem – so viel Druck, dass ich mir oft wünsche, dass sie sich freier entfalten könnten. Diese Form der Erziehung und Ausbildung hat sehr häufig nichts mehr zu tun mit der freien Entfaltung von den ihnen eigenen Fähigkeiten. Wir züchten uns angepasste, leistungsorientierte, gut funktionierende Erwachsene, die im

Studium Stress haben und im Beruf noch mehr. Angst ist oft der treibende Faktor und „Burnout" und psychische Erkrankungen nehmen zu. Viele meiner Patienten können nicht einmal mehr ihren Körper spüren und wenn ich sie frage: „wie fühlt sich dies oder jenes an?" dann fühlen sie nichts. Wenn überhaupt spüren sie noch den Schmerz des Bandscheibenvorfalls. Wenn ich sie nach ihren Beziehungen frage, dann schaut das bei keinem rosig aus. Wenn ich sie frage was ihnen Freude macht, können sie es nicht benennen. Wo ist da die essentielle Beziehung geblieben? Die Beziehung zu sich selbst? What a life! Warum lasse ich mich so antrieben?

Aber wenn wir so schlau sind und das täglich sehen, warum tun wir zu wenig? Es ist **immer** die eigene Entscheidung: „Es liegt an mir! Ich übernehme die Verantwortung!"

Da sind wir wieder beim Respekt angelangt. Respekt als wichtigste Anleitung im Umgang mit Kindern. Dies findet man in allen traditionellen indigenen Anleitungen der alten Traditionen, bei allen sozialen Treffen und Zeremonien. Aber das wichtigste Lehren findet nie in Form von Worten oder Regeln statt. Die Kinder respektieren andere, weil sie es gesehen haben wie die Erwachsenen in ihrer Umgebung miteinander umgehen. Sie respektieren Frauen, weil Frauen bei ihnen zuhause respektiert werden und wichtige Positionen einnehmen. Sie respektieren die Alten, weil sie erleben, mit welcher Würde man mit den alten Menschen umgeht, weil man ihr Leben und das was sie wiederum für andere getan haben wertschätzt.

Sie respektieren kleine Kinder und sich selbst, weil sie wiederum von den Erwachsenen mit Respekt behandelt werden.

Wenn wir die Anweisung bekommen respektvoll zu sein, können wir das natürlich **tun** – die Frage ist nur wie wir uns damit **fühlen**. Je älter wir sind desto leichter fällt uns das vielleicht, aber als junge Menschen, da haben wir meist unsere ziemlich festgefahrenen Vorlieben, Vorurteile. Dennoch kann man wählen und sich entscheiden jemanden zu respektieren auch wenn er nicht nett zu mir war. Jeder Mensch kann wählen wie er sich benimmt, es kostet wesentlich mehr Arbeit und Kraft mit den eigenen Gefühlen um zu gehen. Das können jedoch unsere Kinder nur lernen, wenn wir es ihnen vorleben.

In vielen Kulturen gelten die Kinder als weniger wert, müssen sich beugen und unterordnen. Kinder wurden und werden hart bestraft, nicht ernst genommen und vor allem in den unteren Schichten als billige Arbeitskräfte benutzt. Leider ist das in unserer Welt immer noch nicht vorbei. Dadurch entstehen traumatisierte Kinder, aggressive, leicht manipulierbare Jugendliche, Erwachsene, die das wieder an ihre Kinder weitergeben und den Wahnsinn, der in unserer Welt passiert, weitergehen lassen.

So geschieht Schritt für Schritt eine Separation, die natürliche Empathie geht verloren, in schlimmen Fällen der Zurückweisung oder sogar Misshandlung kommt es zu einer Dissoziation. Die Indianer sagen Seelenanteile ziehen sich zurück. Die Folge davon ist, dass wir nicht mehr fähig sind eine entspannte natürliche Beziehung einzugehen. Wir gehen dadurch aber auch immer mehr in Resonanz mit dem Negativen, verlieren die Erinnerung an den Zustand von allumfassender Liebe und Geborgenheit, die im Grunde jeder Mensch in sich trägt. Das ist ein Zustand von Wohlbefinden und Verbundenheit, das sich am Anfang des Lebens wie unser Geburtsrecht anfühlte.

*Charles Eisenstein* schreibt in seinem Buch „Die schönere Welt,...": *Wie viel von unserem gestörten, am Konsum orientierten Verhalten ist einfach ein Versuch, dem Schmerz zu entrinnen, der eigentlich überall ist?*

Ob das nun der Wunsch danach ist, ständig etwas zu kaufen – neue Klamotten, neues Auto, mehr Geld, mehr Information (Medien), mehr Sex, Drogen, Alkohol .... All das ist nur ein Versuch dem Schmerz, der darunter liegt zu entfliehen. Es mag für einen Moment gelingen, nur die tiefe Wunde darunter wird dadurch nicht geheilt. Keiner von uns ist da in irgendeiner Form besser als der andere. Jeder ist in unserer Gesellschaft mit solchen Verletzungen – mehr oder weniger – aufgewachsen. All unsere übertriebenen Wünsche könnten ein Versuch sein, das was wir verloren haben, wieder zu finden. So als könnte das ein Ersatz sein. Wir wollen dazugehören, im Innen und im Außen. Die Werbebranche macht sich das zunutze indem sie den tollen Urlaub und das schnelle Auto als Freiheit verkauft, Markenbekleidung als Zugehörigkeit und so weiter. Meistens haben die Kinder in meiner Praxis, die die teuersten Markenklamotten anhaben, die größten Probleme.

So wird jedoch immer nur ein schales Gefühl zurückbleiben und die tiefen Wünsche, die hinter all dem stecken bleiben in unserer Gesellschaft, bleiben weiter bestehen. Ein Superreicher ist meist nicht glücklich und es reicht immer noch nicht, der Lottogewinner hat in kürzester Zeit sein Geld verloren, kein Titel der Welt und keine noch so große Machtposition ist ein Garant für eine gute Beziehung und Glücklichsein. Im Gegenteil – die Einsamkeit wird größer.

Solange wir jedoch keine Beziehung zu unserem tiefsten Inneren haben, können wir auch im Außen keine wirklich gute Beziehung leben. Wir erwarten von unserem Beziehungspartner, dass er für all das steht, was wir in uns selbst vermissen. Das funktioniert leider nicht. Der Partner ist damit völlig überfordert.

Dennoch kann man niemanden dafür verurteilen, denn den meisten Menschen ist es nicht bewusst, wie all das funktioniert und wir sind alle gut konditioniert.

Das Einzige, was uns dabei helfen kann wieder zurückzufinden, ist zu erkennen, dass wir nicht wirklich voneinander getrennt sind. Wenn wir verstehen, dass wir eine tiefe Abhängigkeit voneinander und zur Natur und allen ihren Lebewesen haben, dann fangen wir an zu verstehen. Daraus entsteht Achtsamkeit, Wachheit. Da sind wir wieder bei der Bedingungslosigkeit gelandet. Erlauben Sie sich doch einmal folgende Gedanken zu fühlen:

▷ Ich weiß, dass mein Wohlbefinden nicht davon abhängt, was andere von mir denken oder über mich sagen ...

▷ Ich bin froh, dass mein Kind lernt seinen Weg zu gehen

▷ Mein Kind lehrt mich, dass es nicht wichtig ist über alles Kontrolle zu haben

▷ Ich bin nicht bereit meinen Seelenfrieden für irgendetwas aufzugeben

▷ Ich bin dankbar dafür, dass ich durch mein Kind lernen darf bedingungslos zu sein.

Kann es sein, dass sich das gut anfühlt? Sie können sicher sein, dass dieses Gefühl auf Ihr Kind überspringt und Sie davon ausgehen, dass sich das sehr positiv auf Ihre Beziehung auswirkt.

Es ist mit Sicherheit keine Garantie dafür, dass Ihr Kind dadurch gehorsam wird. Aber jeder wird mehr darauf achten, dass der Wunsch von beiden Seiten wächst, statt zu gehorchen zu genießen.

Denken Sie daran, dass es nicht darum geht Bedingungen zu verändern! Nicht unsere Kinder müssen sich verändern, dass es uns gut geht. Wir schaffen immer die primäre Resonanz: Bedingungen oder Bedingungslosigkeit. Bedingungslosigkeit erfolgt immer von innen, Bedingung bedeutet von außen nach innen.

Bedingungslosigkeit ermächtigt Sie sich wohl zu fühlen, kreativ und glücklich zu sein und bereichernde Beziehungen zu leben – mit Ihren Kindern, Partnern, Freunden und im Berufsleben.

Jeder von uns ist einzigartig, jeder von uns hat dadurch einen anderen Blickwinkel, Fähigkeiten und Möglichkeiten, aber gerade darin liegt ein riesiges, buntes Potential, wenn unser Blick durch die Qualität von Achtsamkeit und Wertschätzung gelenkt wird. Das heißt nicht nur überleben, sondern Leben. Das ist das, was wir unseren Kindern beibringen können.

*Charles Eisenstein* schreibt in seinem Buch „Die schönere Welt,...": *Nehmen Sie selbst die kleinste Beziehung weg, und auch Sie sind verkleinert; fügen Sie eine hinzu und Sie sind größer; verändern Sie irgendein Wesen im Kosmos, und Sie werden verändert. Sie sind daher alles: ein Netz aus Beziehungen, von denen jede alle anderen umfasst.*

# Psychoimmunologie
# oder was macht das mit uns?

## Der Hintergrund – was steckt hinter der bedingungslosen Liebe?

Ich möchte das Thema jetzt etwas mehr von der wissenschaftlichen Seite her beleuchten. Bedingungslose Liebe hat nichts mit Esoterik zu tun. Es geschieht eine ganze Menge in unserem Körper, wenn wir bedingungslos sind, wenn wir uns wohlfühlen, frei, in Frieden.

Warum packe ich dieses Kapitel in ein Buch über Kinder? Ganz einfach! Wenn ich meinem Gehirn die Informationen gebe, die es braucht, damit ich mich selbst und mein Kind besser verstehe, das Entstehen von Verhaltensweisen, Symptomen und Krankheiten zumindest ein wenig besser nachvollziehen kann. Das macht es mir wiederum möglich, vielleicht bei mir selbst alte Verletzungen zu erkennen und ins Positive verändern, was wiederum einen großen Einfluss auf mein Kind hat!

Also gehen wir es an! Lassen Sie sich Zeit dieses Kapitel zu lesen.

Die Vorstellung, dass die Funktion von Genen und Zellen festgelegt ist und unabänderlich unser Leben bestimmen, ist überholt. Auf dem Gebiet der neurobiologischen und psychoimmunologischen Forschung hat man im Laufe der letzten Jahre herausgefunden, dass Gene und Zellen in einem großen Maße von äußeren Einflüssen gesteuert werden. Alles, was wir im Außen erleben, was wir denken und fühlen, nimmt Einfluss auf die Aktivität unserer Zellen und Gene. Diese äußeren Faktoren werden im Netzwerk unserer Nervenzellen gespeichert, sie sind die Grundlage unserer „Lernerfahrungen". Zugleich verändern sie ihre feinen Strukturen. Das hat unweigerlich eine enorme Wirkung auf unsere Gesundheit und unsere psychische Verfassung. Durch das Gehirn werden viele Funktionen unseres Körpers gesteuert. In verschiedensten wissenschaftlichen Studien wurde belegt, dass das Risiko von körperlichen Erkrankungen, wie z.b. Herzinfarkt, Krebserkrankungen oder auch chronischen Erkrankungen bei Personen mit seelischer Belastung deutlich höher liegt, wenn z.b. eine Depression zugrunde liegt. Es ist inzwischen durch viele ausgezeichnete Forscher deutlich gemacht worden, dass wir Körper, Geist und Seele nicht mehr als getrennte Strukturen betrachten können. Man muss den Menschen als Einheit behandeln.

Der Augustinerpater *Gregor J. Mendel* (1822-1884) war der Begründer der Erblehre. Seine Annahme, dass es einen festgelegten Erbgang gibt, der sich auf eine gewisse biologische Grundstruktur bezieht, ist richtig. Gregor Mendel konnte seine Untersuchungen nur über die Grundeigenschaften von Genen machen. Er arbeitete mit Pflanzengenen und den unveränderlichen Erbeigenschaften. Er hatte damals noch nicht die Möglichkeit die veränderlichen Anteile zu finden. Die sogenannte DNS-Sequenz ist festgelegt, sie wird auch weitervererbt. Es gibt daher selten wirklich echte Erbkrankheiten. Nur etwa 2% der menschlichen Erkrankungen sind durch eine genetische Mutation bedingt! Bei den restlichen 98% entsteht Krankheit durch die Art und Weise, wie Gene auf äußere Einflüsse reagieren. Das eigentliche Augenmerk sollte auf die Möglichkeit der Zell- und Genregulation gerichtet werden. Unsere Umgebung, unsere zwischenmenschlichen Beziehungen, unsere Gedanken und Gefühle nehmen den größten Einfluss auf unsere Zell- und Genänderungen. Man weiß, dass erlebte Situationen als Erfahrungen unseres Körpers in Form von Verhaltensmustern gespeichert werden. Bei Wiederholung dieser Lebenssituationen reagieren wir nach diesen Mustern.

Die Gene des Menschen unterliegen einer ständigen Regulation ihrer Aktivität. Dies hat natürlich eine große Wirkung auf Gesundheit und Krankheit, vor allem auf die Kreislauf-, Hormon-, Blutzucker- und Stressregulation. Man weiß auch inzwischen, dass die Funktion des Immunsystems bei der Infekt- und Krebsabwehr nicht von der so genannten DNS-Sequenz abhängt, sondern von der Regulation der Gene. Natürlich kann in einer Familie z.B. bei Frauen Brustkrebs gehäuft vorkommen und eine gewisse „Veranlagung" dazu wird weiter vererbt. Dennoch muss es nicht zwangsläufig zu dieser Erkrankung kommen, wenn die Regulation so funktioniert, dass die Abwehr gut genug ist. Das heißt: Jeder von uns hat durch die Art und Weise, wie wir unser Leben leben, einen entscheidenden Einfluss darauf, wie unsere „Biologie" abläuft.

Was glauben wir über unsere Welt? Haben wir den Fokus mehr auf Krankheit oder Gesundheit, auf Negativem oder auf Positivem? Wir leben unser Leben basierend auf dem was wir glauben, weil wir es so gelernt haben.

*Albert Einstein* sagte: „Wir leben in einer Welt, die unabhängig von uns existiert, die vor uns steht wie ein großes, ewiges Rätsel, zu dem wir zumindest nur teilweise Zugang durch unser Forschen und Denken haben."

Ein Kollege von Einstein – sie lebten zeitgleich – *John Wheeler* sagt genau das Gegenteil: „Wir können uns das Universum nicht einmal vorstellen, das nicht den Beobachter (also uns) beinhaltet ... denn es ist unser Handeln wie das Universum sich gestaltet, je nach dem wie wir es sehen und fühlen!"

Auch wenn es manchmal nicht so einfach ist, dies zu verinnerlichen, bedeutet das, dass wir ein hohes Maß an Eigenverantwortung für unsere Gesundheit haben. Ebenso haben die Schulmediziner dieselbe Verantwortung und müssten über die „normale" Behandlung hinaus ihren Blickwinkel vergrößern und damit dem Patienten wieder eine Möglichkeit auf Eigenverantwortung geben. Es sind ganz bestimmt nicht nur die Medikamente, Operationen und sonstigen Eingriffe, sondern das Heilen der Gefühle und Emotionen. Der Zeitaufwand für den Patienten, die überzeugende und vertrauenswürdige Art des Arztes machen ein Medikament erst voll wirksam – manchmal sogar überflüssig, wie Placebo-Untersuchungen zeigen. Es ist immer noch so, dass der Arzt eine Person ist, die einen besonderen Stellenwert hat – für viele Menschen immer noch unantastbar. Es ist wichtig, dass ich großes Vertrauen habe zu dem Arzt der mich behandelt, sonst würde die Therapie – wie wir wissen – ja auch nicht gut funktionieren, dennoch darf ich meine Eigenverantwortung nicht abgeben.

Ein wichtiger Aspekt ist der Umgang mit der Angst. Die Diagnose „Krebs" z.B. ist in der Regel für den Patienten ein Todesurteil – zumindest bedeutet sie eine schmerzvolle, qualvolle Zeit. In dem Moment, in dem eine solche Diagnose ausgesprochen wird, läuft auf biologischer Ebene ein Stoffwechsel veränderndes Programm und lässt beim Empfänger der Nachricht genau das geschehen, wovor wir Angst haben. Angst engt die Wahrnehmung ein und macht Stress im Körper. Sie lässt in unserem Gehirn angstbesetzte Horrorfilme ablaufen. Wie im Film laufen die Angst machenden Erinnerungen an Situationen ab und erinnern uns an Menschen, die wir an Krebs haben sterben sehen oder nur davon gehört haben, dass sie sterben mussten. Man nennt das auch dysfunktionale Gedanken, diese sind auch bei Depressionen häufig. Sie sind nicht hilfreich, sie kommunizieren die Botschaften ins gestresste Gehirn, die wiederum

Botenstoffe aussenden, die die Zellen schwächen, ebenso das weitere Denken und Fühlen.

Diese hochkomplexen Prozesse werde heute von einer noch jungen Forschung – der Psychoneuroimmunologie, beschrieben. Leider steckt diese Disziplin bei uns noch in den Kinderschuhen.

In den USA gibt es zwar noch nicht überall, aber weit verbreitet die **integrative medicin,** die alternative Heilverfahren, therapeutisches Berühren, Reiki, Meditation u.a. umfasst.

An dieser Stelle müsste die Medizin mit übergreifenden Disziplinen dabei helfen, einen würdigen Weg aus dem Dilemma anzubieten. Das sollte für jedermann gleich zugänglich sein!

In der Regel wird der Patient mit seiner Diagnose allein gelassen und er ertrinkt in seiner Angst. Er vergegenwärtigt sich seinen schmerzvollen Weg, da inzwischen sein ganzes System schon genau dorthin programmiert ist, wohin ihn seine Erwartung trägt[1]. Gerade dort, wo es am schwierigsten ist – nämlich beim Umgang mit der Angst – wäre die Hilfe so nötig. Was uns stark macht sind soziale Beziehungen!

Wenn wir erkennen in welch großem Ausmaß Erfahrungen, Denkmuster und Emotionen in unserem Gehirn in Signale umgewandelt werden, die unsere ganzen Körperfunktionen beeinflussen, so können wir immer besser verstehen, wie Krankheiten entstehen. Zellen, Gene und unser Umfeld bilden die „Einheit des Überlebens", so nennt es der Verhaltensforscher und Biologe *Gregory Bateson.*

Die bekannte amerikanische Psychoimmunologin *Candace Pert* hat durch ihre Arbeit verständlich gemacht, wie der materielle

I Vgl. Placeboeffekt

Körper mit Geist, Seele und Gefühl in einem einzigen intelligenten System verbunden ist. Sie hat damit einen großen Beitrag zur Widerlegung von festgefahrenen Vorstellungen geleistet, die mehr als 200 Jahre als unantastbar galten. In ihren Forschungsarbeiten hat sie bewiesen, dass die chemischen Stoffe in unserem Körper, die Neuropeptide und ihre Rezeptoren, die biologischen Substrate unseres Bewusstseins sind. Sie zeigen sich in Form unserer Gefühle, Meinungen und Erwartungen. All das beeinflusst die Art und Weise wie wir auf unsere Umwelt reagieren und vor allem, wie wir sie erleben. Das besonders Interessante daran ist, dass sie damit einen Beweis dafür liefert, was wir aus der östlichen Philosophie, schamanischer Praxis und aus der alternativen Medizin schon seit Jahrhunderten wissen. *Candace Pert* ist eine von den Wissenschaftlerinnen, die es uns deutlich machen, dass unsere biochemischen Botenstoffe, unsere Zellen und unsere Gene eine eigene „Intelligenz" haben und handlungsfähig sind. Sie übertragen Informationen und organisieren eine ungeheure Vielfalt an bewussten und unbewussten Aktivitäten. Dieser Übertragungsmechanismus findet in einem Netzwerk statt, in dem alles miteinander verbunden ist. Dieser Mechanismus ist ständig wandelbar und sehr flexibel.

## Wie funktioniert das alles?

Ich möchte versuchen, Ihnen möglichst einfach die höchst spannende und komplexe Funktionsweise unseres Gehirnes, der Nervenzellen und Botenstoffe zu erklären. Natürlich kann ich das nur sehr lückenhaft, denn sonst würde ich wohl auch den Sinn und die Absicht dieses Buches bei weitem überschreiten.

Im menschlichen Gehirn befinden sich ca. 20 Milliarden Nervenzellen. Etwa die Hälfte davon breiten sich über die Hirnrinde (Cortex) und das so genannte limbische System aus. Über die Hirnrinde steuern wir unsere Wahrnehmung der äußeren Welt, hier hat unser Intellekt seinen Sitz – „Zentrum für intellektuelle Intelligenz".

Das limbische System ist ganz eng mit dem Cortex verbunden. Man nennt es auch das „Zentrum für emotionale Intelligenz". Das limbische System nimmt sowohl Informationen von der Hirnrinde, also Signale aus der äußeren Welt, als auch Informationen aus der inneren Welt, unserem Körper wahr. Die inneren Informationen laufen über tiefer liegende Gehirnstrukturen ab, das sind vor allem Hypothalamus und Hirnstamm. Die Kombination von inneren und äußeren Signalen lassen im limbischen System Gefühle, Emotionen entstehen.

Das Zwischenhirn (Diencephalon) ist für folgende Funktionen zuständig:
▷ Riechen
▷ Sehen
▷ Hören
▷ Oberflächensensibilität
▷ Tiefensensibilität
▷ Emotionale Empfindung

Es gibt den Angst- und Stressimpuls an die Nebennieren weiter, dort wird Adrenalin und Noradrenalin ausgeschüttet was wiederum den Blutzuckerspiegel anhebt – Muskeln und Gehirn bekommen rasch Energie. Der Herzschlag beschleunigt sich, der Blutdruck steigt und der Organismus ist im Verteidigungsmodus. Wenn die Situation vorbei ist und der Körper wieder beruhigt werden soll, wird Cortisol ausgeschüttet, es dämpft die Erregung und ist entzündungshemmend. Bei chronischem Stress gerät zu viel Cortisol ins Blut was dauerhaft die Immunabwehr dämpft und sie aus dem Gleichgewicht bringt. Das bedeutet, dass es zu einer Verschiebung von zellulärer Abwehr (viral) und humoraler Abwehr kommt. Wird die zelluläre Abwehr geschwächt, steigt die Humorale. Die Folge davon ist eine erhöhte Anfälligkeit für Virusinfektionen. Das bedeutet, dass die Produktion von Antikörpern hochgefahren wird und die Anfälligkeit für Allergieen und Hauterkrankungen wie Neurodermitis steigt, auch Asthma und Rheuma gehören dazu.

Steigende Stressbelastung durch Schule, Studium und später Beruf, ebenso Umweltfaktoren führen zu einer weltweiten Zunahme an Allergien. Man kann sogar von einer Stressepidemie sprechen!

Viele Allergien werden schon vorgeburtlich angelegt. Stressbelastete Mütter – ich gehe hier von einer schweren Belastung aus – geben ihr Cortisol an die Ungeborenen weiter und gefährden deren Immunsystem. Das Kind entwickelt eine fundamentale Störung in der Funktion seines Immunsystems. Die Stressreaktionen dieser Kinder unter so hoher Belastung, führen zu einer Erschöpfung dieses Systems und sorgen für Entzündungen bis hin zu chronischen Erkrankungen. Natürlich hat auch eine belastende, traumatische Kindheit entsprechende Auswirkungen. Dadurch kann im Erwachsenenalter z.B. Rheuma entstehen. Stress übers Leben hinweg führt zu schweren Erkrankungen wie rheumatischen Erkrankungen, Herz-Kreislauferkrankungen aber auch Krebs. Stress aktiviert Krebs!

Ein Teil des „Zentrums für emotionale Intelligenz" ist die Amygdala (Mandelkern). Hier werden Erinnerungsmerkmale darüber gespeichert, wie der individuelle Organismus eine Situation empfunden hat, ob sie angenehm oder unangenehm war. So werden Erfahrungen gespeichert und wenn es nötig wird, dann alarmiert er tiefer gelegene Gehirnteile, die wiederum entsprechende Stoffe freisetzen. So ist die Amygdala ganz entscheidend an der Einschätzung neuer Situationen beteiligt. Das bedeutet, dass die Amygdala durch frühe Eindrücke und Prägungen einen wesentlichen Beitrag dazu leistet, wie wir diverse Situationen einschätzen können.

Auch der Gyrus cinguli gehört zum limbischen System. Erst in letzter Vergangenheit, stellte sich heraus, dass dieser Teil möglicherweise einer der wichtigsten Anteile unseres menschlichen Gehirnes ist. Es ist der Anteil unseres Gehirnes in dem man den Sitz unseres Selbstgefühls und des Lebensgrundgefühls vermutet. Hier sitzt unsere Fähigkeit Gefühle für andere Menschen zu entwickeln.

Jede einzelne Information, die durch unsere einzelnen Sinne wahrgenommen wird, führt im Gehirn zu einer Aktivierung von Nervenzellen. Diese wiederum senden Impulse an andere Nervenzellen oder Gruppen von Nervenzellen weiter. Sie tun dies über winzig kleine Fortsätze an deren Ende sich die Synapsen befinden. Das sind die Kontakte zu anderen Nervenzellen. Man kann sich kaum vorstellen, dass so eine extrem kleine Nervenzelle mit bis zu 10.000 Synapsen mit anderen Nervenzellen verbunden ist. Die Synapsen wiederum dienen dem Austausch von Neurotransmittern (Botenstoffe). So ist es möglich, dass einzelne Sinneswahrnehmungen untereinander verschaltet werden, d.h. durch das Zusammenbringen der unterschiedlichen Wahrnehmungskanäle kann eine subjektive Vorstellung entstehen. Nur auf Grund der synaptischen Verschaltungen von Nervenzellen und Nervenzellverbänden ist unsere Wahrnehmung möglich.

Jeder Verbindungspunkt im neuronalen Netzwerk wird zu einem Gedanken oder zu einer Erinnerung. In diesem Netzwerk sind Neuronen miteinander verbunden, um bestimmte Funktionen gemeinsam auszuführen. Wenn wir z.B. bestimmte

Dinge immer und immer wiederholen, so beginnen die Nerven-zellen mit dem Aufbau einer dauerhaften Beziehung. Wenn wir z.B. täglich wütend sind, leiden müssen, traurig oder frustriert sind, oder uns als Opfer fühlen, so stärken wir das entspre-chende neuronale Netz jeden Tag aufs Neue. Damit wird eine dauerhafte Beziehung zu anderen Verschaltungen im Gehirn aufgebaut, die wir als unser Selbst, unsere Identität bezeichnen. Im Klartext bedeutet das, dass wir diese emotionalen Muster immer stärker werden lassen, ohne uns dessen bewusst zu sein und auch noch der Meinung sind, all das wäre unabänderlich! Man nennt das einen Noceboeffekt.

Bestimmte Vorstellungen und Wahrnehmungen entsprechen immer einem ganz bestimmten Verschaltungsmuster. Die äuße-ren Wahrnehmungen werden durch unsere Gedanken unterein-ander in Verbindung gebracht. Man heißt das assoziieren. Wir haben ein inneres Bild der äußeren Welt gespeichert, was bedeu-tet, dass unser inneres „Repräsentationssystem" sofort die Situa-tion mit der früher erlebten vergleicht. Auch unser Körper hat ein eigenes, selbst erzeugtes inneres Abbild in unserem Gehirn – eine Vorstellung. (Die Arbeit mit diesen „inneren Bildern" wird in der Psychotherapie erfolgreich eingesetzt) Beides wird nun zusammengebracht. Dies geschieht im Gyrus cinguli, dem Sitz des Selbstgefühls. Hier werden die Signale aus der äußeren Welt mit den Signalen der inneren Körperwahrnehmung assoziiert. Die Verbindung zwischen äußerer Wahrnehmung und innerem körperlichen Erleben hat also einen großen Einfluss auf unser Allgemeinbefinden. Denn nicht nur in unserem Gehirn gesche-hen Nervenaktivierungen, Verschaltungen, Informationsaus-tausch, Ausschüttung von Botenstoffen, sondern der gesamte Körper ist von all diesen Vorgängen betroffen. Die Ausschüt-tung von Botenstoffen wiederum bewirkt eine Veränderung in unserem gesamten Stoffwechsel. Wenn diese Botenstoffe, deswegen heißen sie so, ausgeschüttet werden, dann tragen sie ihre Botschaft im Körper zu den Zellen.

Die Zellen nehmen die Information über Rezeptoren auf. Ein Rezeptor ist ein winziges, flexibles Molekül, das auf Energie und chemische Reize mit Schwingung reagiert. Rezeptoren sind im Organismus immer an einer Zelle befestigt, wo sie an der öligen Zelloberfläche schwimmen. Sie bestehen aus Proteinen, also Eiweißen und Aminosäureketten, die ineinander verflochten sind. Man nimmt an, dass eine durchschnittliche Nervenzelle etwa mehrere Millionen Rezeptoren auf ihrer Oberfläche hat. Viele davon sind in ihrer Funktion und Zuordnung noch nicht erforscht. Diese Rezeptoren warten sozusagen auf den richtigen Liganden = Botenstoff. Dieser sucht sich den „passenden" Rezeptor und verbindet sich mit ihm, wie ein Schlüssel in sein Schloss passen muss. Nach dem „Andocken" muss sich das Molekül neu organisieren; es verändert seine Form. Dann erst bekommt die Zelle eine neue Information. Dies kann zu weitreichenden Veränderungen des Zellzustandes führen. Die „Nachricht", die der Ligand in die Zelle gebracht hat setzt nachhaltige chemische Prozesse in Gang, z.B. die Bildung von neuen Proteinen, es wird entschieden – Teilung oder nicht Teilung, etc. Das Leben und die Entwicklung der Zelle, hängen also von den Informationen ab, die sie über ihre spezifischen Rezeptoren bekommt. Ein Teil der Liganden, die übrigens noch kleiner sind als die Rezeptoren, sind die Neurotransmitter, wie z.B. Serotonin, Dopamin, Noradrenalin, Acetylcholin, Histamin um nur einige zu nennen. Sie werden meist vom Gehirn produziert und über die Synapsen transportiert. Viele sind einfache Aminosäuren, d.h. Bausteine der Proteine.

Der andere Teil der Liganden besteht aus den Steroiden. Die Geschlechtshormone wie Östrogen, Testosteron und Progesteron gehören dazu. Aus Cholesterin entstehen alle Steroide, durch bestimmte biochemische Reaktionen werden sie zu den entsprechenden Hormonen umgewandelt. Zu den Steroiden gehört auch das Cortisol, das bei Stress von der Nebennierenrinde ausgeschüttet wird.

So wird es vielleicht immer verständlicher, wie unsere Gefühle, Gedanken oder auch körperliche Aktivitäten sich auf tiefster Ebene als physiologische Phänomene niederschlagen, sowohl durch elektrische als auch chemische Abläufe.

Nervenzellen und Nervenzellverbände, die miteinander verbunden sind und gleichzeitig aktiviert werden, verstärken ihre synaptischen Verknüpfungen. Eine Stabilisierung wird durch die Ausschüttung von Neurotransmittern an den Schaltstellen, den Synapsen, erreicht. Durch die biochemische Anregung von Zellen oder Zellverbänden werden in beiden Teilen Gene aktiviert. Diese Gene wiederum produzieren Eiweiße, die die Schaltstellen (Synapsen) verstärken und dadurch stärkere Signale abgeben können. Genauso wie durch verschiedene wiederholte Wahrnehmungen oder Tätigkeiten Synapsen gestärkt werden, können umgekehrt kaum benutzte Synapsen verkümmern und zurück gebildet werden. Sie stehen dann nicht mehr in Verbindung zueinander.

Unser Gehirn hat also die Fähigkeit, je nach Gehirntätigkeit und Anforderung, Nervenzellverschaltungen zu verändern und somit seine Feinstruktur zu verändern. Wir können aber ganz bewusst und aktiv Einfluss auf die neuronale Vernetzung nehmen. Wie? Ganz einfach – indem wir den Gedanken unterbrechen, von dem wir wissen, dass er eine bestimmte chemische Reaktion in unserem Körper auslöst. In dem Moment fangen die für uns schädlichen Langzeitverbindungen von Nervenzellen an, ihre bis dahin dauerhafte Beziehung aufzulösen! Wenn wir das immer und immer wieder tun, kann sich eine neue vorteilhafte Vernetzung bilden. Nach einer Weile wird sich anhand der Veränderungen auf körperlicher und geistiger Ebene zeigen, dass sich auf Grund unseres bewussten Umgangs mit bestimmten Gedankenmustern neue Gefühle, neue Reaktionen und ein anderes körperliches Empfinden zeigen.

**Das bedeutet, dass wir nicht gefangen sind in einem Netz von Bedingungen und Verpflichtungen, dass wir nicht alles perfekt machen müssen!**
Wie wir unsere Welt wahrnehmen und uns verhalten, wird in unseren Nervenzellen und dem Nervenzellnetz gespeichert. Auch wie wir denken, Situationen beurteilen oder mit zwischenmenschlichen Problemen umgehen, ist in diesem Netzwerk programmiert. All unsere vergangenen Erfahrungen haben unsere neuronale Wahrnehmung geprägt und sind tief in unserem Gehirn abgespeichert. Somit ist für die Reaktion auf zukünftige Situationen bereits früh ein „Programm" geschrieben. Dies nimmt Einfluss auf alle zwischenmenschlichen Beziehungen.

## Welche Rolle spielt dabei unser Herz?

Über Jahrhunderte ist unser Herz als die Quelle unserer Emotionen, des Mutes und der Weisheit betrachtet worden. Das Institut *HeartMath* hat dazu revolutionäre Forschungen gemacht.

Warum haben wir das Gefühl, dass Empfindungen wie Liebe oder andere positive Gefühle im Bereich des Herzens positioniert sind? Was geschieht hier physiologisch? Wie beeinflussen Stress und andere emotionale Zustände das autonome Nervensystem, das Hormon- und Immunsystem?

Über viele Jahre der Forschung und Experimente haben die Wissenschaftler und Ärzte des *HeartMath*-Institutes herausgefunden, dass es immer die Herzschlagrate und deren Variabilität war. Diese reflektiert sofort sehr dynamisch in welchem emotionalen Zustand oder Stress man sich befindet. Daraus wurde sehr deutlich, dass negative Emotionen zu einer erhöhten Unordnung im Herzrhythmus und im autonomen Nervensystem führen, was natürlich den Rest des Körpers und aller seiner Funktionen mit sich zieht. Im Gegensatz dazu kreieren positive Emotionen Harmonie und Kohärenz im Herzrhythmus, ebenso bringt es das Nervensystem in Balance. Ein einfach zu verstehender Mechanismus. Disharmonie im Nervensystem führt zu Ineffizienz und erhöhtem Stressniveau im Herzen und anderen Organen, während harmonische Rhythmen zu Effizienz und weniger Stressreaktionen im Körper führen.

Wenn wir beginnen den Herzrhythmus positiv zu beeinflussen, dann können wir einen positiven Einfluss auf unser Wohlbefinden, unsere Gesundheit und die Reduktion von Stress nehmen. Das hat zur Folge, dass sich die Wahrnehmung verändert, die Fähigkeit Stress zu reduzieren größer wird und es leichter wird mit schwierigen Situationen umzugehen. Es ist fast so als hätte das Herz eine ganz eigene Wahrnehmungsfähigkeit und könnte damit tiefgreifend unsere Art, wie wir Dinge und Situationen wahrnehmen, beeinflussen, aber auch wie wir auf unsere Umwelt reagieren. Es sieht fast so aus, als könne das Herz unsere Intelligenz und Wachheit beeinflussen. Unser Herz ist viel mehr als nur eine einfache Pumpe und ein Muskel! Das Herz ist sehr komplex, ein sich selbst organisierendes Informationszentrum, wie ein eigenes Gehirn, welches das Kopfgehirn, das Hormonsystem und andere Körperfunktionen durch das Nervensystem beeinflusst. Dies wiederum hat einen enormen Einfluss auf die Gehirnfunktion und die meisten Organe und letztendlich bestimmt es die Qualität unseres Lebens.

Jetzt wird es noch interessanter. In unserem Körper gibt es nicht nur die Biochemie, sondern auch jede Menge physikalische Abläufe. Wir alle wissen, dass unser Gehirn sowohl elektrische als auch magnetische produziert, ebenso unser Herz. Das Erstaunliche daran ist, dass unser Herz das stärkste elektromagnetische Feld erschafft! Das elektrische Feld des Herzens ist bis zu 100 Mal stärker als das des Gehirnes und das magnetische Feld ist 5.000 Mal stärker!

Was bedeutet das? Ganz einfach – wie wir schon wissen beeinflussen unsere Gefühle und Gedanken unsere Biochemie im Körper, d.h. unsere Hormon- und Neurotransmitterausschüttung. Genauso geschieht es mit unserem Herzen. Positive Gedanken und Gefühle verändern elektrische und magnetische Wellen – unser Herzschlag wird dadurch ausgeglichener und die Impulse zum Gehirn verändern sich. Der Impuls vom Herzen zum Gehirn erfolgt über afferente (aufsteigende) Nervenfasern und geht an die schon besprochene Amygdala (Mandelkern). Diese entscheidet wiederum, ob etwas mit Angst oder Stress zu tun hat oder nicht und gibt die entsprechenden Signale weiter.

Je ausgeglichener, kohärenter unsere Herzrate ist umso stärker wird das elektromagnetische Feld, das ist nicht nur messbar sondern für andere Menschen im Außen auch spürbar. Jeder kennt das Phänomen, dass wir uns zu jemandem, der eine positive Ausstrahlung hat, hingezogen fühlen oder wir über jemanden sagen er hat ein großes Herz. Das ist das Feld das wir spüren. Es wirkt nach außen und ist sogar messbar. Das bedeutet, dass die rhythmischen Muster des Herzens nicht nur reflektive Reaktionen auf unsere Emotionen sind, sondern eine Schlüsselrolle in der von Moment zu Moment Wahrnehmung und Erfahrung einnehmen. Durch die extensive Interaktion von Gehirn und Körper stellt sich Herz als die „kritische Komponente" unseres emotionalen Systems heraus.

*Greg Braden* macht in seinem Seminar „Im Einklang mit der göttlichen Matrix" 2007 in Mailand in einer Messung sichtbar, was auch erfahrbar ist. Er bat alle Teilnehmer in ein positives Gefühl, wie z.B. Frieden oder Liebe zu gehen, sich an der Hand zu nehmen. Er schloss den ersten und den letzten Teilnehmer an das Messgerät an und bewies damit, dass das Herzfeld nicht linear, sondern exponentiell zunimmt!

Dieses Wissen bemächtigt uns etwas auf dieser Welt zu verändern, Einfluss zu nehmen, nicht durch großartige Reden, sondern indem wir an uns selbst arbeiten, Stress reduzieren, lernen liebevoll mit uns selbst umzugehen etc. Das hat einen wesentlich größeren Einfluss auf unser Leben, auf das unserer Kinder, unser Umfeld und letztendlich auf alles!

## Und jetzt?

Sie fragen jetzt: „Was kann ich dazu tun? Wie kann ich etwas in meinem eingefahrenen Leben verändern?"

Es gibt viele Möglichkeiten. Ein Patentrezept kann ich Ihnen nicht liefern, aber Angebote. Mir persönlich hat Meditation immer gut geholfen. Sie hat mich einige Male die schlimmsten psychischen Schmerzen überleben lassen. Aber auch da gibt es so viele Varianten. Es gibt stille Meditationen, geführte Meditationen, die ich z.B. sehr gerne mag und auch sehr viele selbst entwickelt habe und sie an meine Kursteilnehmer und Klienten weitergebe. Es gibt Atemtechniken, das *HeartMath* Programm, das auch mit dem Atem arbeitet, wobei Sie selbst als Feedback messen können, wie Ihre Herzrate sich verändert, was natürlich gleichzeitig ein Training ist und in eine Kohärenz führt. Das bedeutet, Sie sehen die Kurve Ihres momentanen Herzschlages, die sehr unruhig und zackig aussehen wird und wie sie sich verändert in Richtung ruhige Sinuskurve, wenn Sie Ihren Atemrhythmus beruhigt haben.

Es gibt Bewegungsmeditationen, Tai Chi, Chi Gong, Gehmeditationen, allein schon in der Natur spazieren gehen wird etwas bringen. Ich liebe es mit meinen Hunden spazieren zu gehen, wenn ich zu „hochgefahren" bin. Das bringt immer den Ausgleich, der mir gut tut.

Nehmen Sie sich bewusst „Auszeiten"!

Lassen Sie sich durch Entspannungskurse, evtl. autogenes Training, Muskelrelaxation nach Jacobsen oder auch durch einen guten Therapeuten helfen.

Lernen Sie – neudeutsch – Stressmanagement. So können Sie langsam Schritt für Schritt wieder eintauchen in bedingungslose Liebe!

# Die psychische Entwicklung des Ungeborenen

Es gab schon immer ein intuitives Wissen darüber, dass das, was die Mutter während der Schwangerschaft spürt und erlebt, eine Bedeutung für die spätere Entwicklung des Kindes hat. Früher wurde das auch ein wenig abergläubisch gesehen, z.B. wenn eine werdende Mutter einen Hasen sieht, bekommt das Kind eine Hasenscharte, o.ä. Schon im 18. Jahrhundert begann eine intensive Auseinandersetzung mit dem Geschehen vor der Geburt. *Adam Bernds* schreibt 1738 in seiner Autobiographie: *„ ... welches Alles (Kriegserlebnisse) sie in so große Angst gesetzt, so dass es nicht wundert, dass er ein zusammengepresstes Herz auf die Welt gebracht, den die Mutter unter einem 9 Monate zerknirschten und mit Furcht und Angst beklemmten Herz getragen. "*

Im 19. Jahrhundert verschwanden die schriftlichen Aufzeichnungen weitgehend aus unserer Gesellschaft. Erst im 20. Jahrhundert griffen *Sigmund Freud*, *Otto Rank* und *Hans Gustav Graber* das Thema wieder auf, sie legten jedoch den Schwerpunkt in die Erfahrung des Geburtserlebnisses. Auch *Adler*, *Ferenczi* und *Jung* trugen mit unterschiedlichen Aspekten dazu bei, dem vorgeburtlichen und geburtlichen Erleben in der Entwicklung eines Kindes eine große Bedeutung beizumessen.

Etwa zur gleichen Zeit beschrieb der Geburtshelfer *Philip Schwartz* in seiner Monographie: „Geburtsschäden bei Neugeborenen" seine Erkenntnisse über traumatische Elemente der Geburt. Der ungarische Psychoanalytiker *Nandor Fodor* führte als Erster selbstzerstörerische Tendenzen auf vorgeburtliche dramatische Erlebnisse zurück. Obwohl er sehr eindringliche und klinisch fundierte Veröffentlichungen machte, gelang es ihm nicht die entsprechende Resonanz zu erzeugen. Es war ihm nicht möglich Einfühlung oder Verständnis für die möglichen Nöte und Ängste der Kinder vor und während der Geburt zu schaffen. Bis zur Verbreitung der Pille waren Abtreibungsversuche extrem häufig. Inzwischen weiß man, wie verheerend sich überlebte Abtreibungsversuche auf das Lebensgefühl eines Menschen und seine Lebensgestaltung auswirken können.

Erst das Buch von *Leboyer* „Geburt ohne Gewalt" brachte in den siebziger und achtziger Jahren das Bewusstsein vom Zusammenhang von körperlicher Beeinträchtigung und frühkindlichem Erleben in die Öffentlichkeit.

Einer der Pioniere in der Behandlung von vorgeburtlich und geburtlich traumatisierten Säuglingen und Kleinkindern ist der kalifornische Primärtherapeut *William Emerson.*

Zum heutigen Zeitpunkt ist die Erforschung der psychischen Entwicklung des Ungeborenen sehr weit fortgeschritten. Wir haben dadurch die Möglichkeit dieses Wissen für die Kinder zu nutzen, die auf die Welt kommen werden. Aber auch Therapien oder einfache Hilfestellungen können auf diesem neuen Wissen aufbauend zu besseren Ergebnissen führen.

Hier ist der Hinweis angebracht, auf die Art der Zuwendung an die werdende Mutter bei Naturvölkern zu schauen, so wie das z.B. die Aborigines, die Ureinwohner Australiens tun. Es sollten sich viel mehr Paare schon vor der Schwangerschaft mit dem Thema Baby und allem was dazugehört auseinandersetzen. Dies ist eine wunderbare Chance, als werdende Eltern die eigene Lebensgeschichte anzuschauen, an eigene Probleme heranzugehen und in geeigneter Form beginnen diese aufzuarbeiten. Es hat sich immer wieder gezeigt, wie wirksam hier auch das Familienstellen sein kann. Wenn Eltern dazu bereit sind, können sie sich ganz bewusst auf das neue Leben, das da heran wächst, einstellen. Ebenso wichtig ist es das Ungeborene von Anfang an als vollständiges und kompetentes Wesen zu betrachten, das von Anfang an das Bedürfnis nach Liebe und Anerkennung hat. So würde der Idealfall aussehen!

Schade, dass wir in der Schule nicht lernen: „Wie geht Kommunikation, wie geht Liebe und wie geht es Eltern zu sein?" In dieser Lebensphase, in der es um Familienplanung geht, besteht eine große Möglichkeit, einiges davon nachzuholen. Hier ist Aufklärung und Unterstützung gefragt, sei es von Ärzten, den Hebammen, Therapeuten oder entsprechenden Beratungsstellen. Eine vorgeburtliche Unterstützung und Begleitung würde viele Schwierigkeiten und auch Leid ersparen. Es geht hierbei nicht nur um medizinische, soziale und psychologische Umstände, sondern auch darum den werdenden Menschen als ernst zu nehmenden Partner wahrzunehmen und anzuerkennen.

*Gerade in dieser Phase eines werdenden Lebens und der Entwicklung bietet sich eine einzigartige Chance psychischen, emotionalen und auch physischen Störungen vorzubeugen.*
Das kann aber nur dann geschehen, wenn wirklich genügend Information da ist. Diese Informationen helfen auch der Mutter sich mit sich selbst auseinander zu setzen und sich in Ruhe auf die Geburt vorzubereiten. Für eine Frau, die das erste Mal schwanger ist, können viele Fragen auftauchen, z.B. „Wer bin ich als Frau wirklich? Wie ist es für mich auch mal schwach zu sein, evtl. auf Hilfe angewiesen zu sein? Wie gehe ich mit dem Thema Geburt um? Kann ich eine gute Mutter sein?" Alle diese Fragen und die damit verbundenen Gefühle haben sehr viel mit der Identität der werdenden Mutter zu tun, dennoch steckt in all dem eine große Chance sich selbst besser kennen zu lernen und neue Fähigkeiten und Persönlichkeitsanteile zu entdecken.

Nachdem es natürlich nicht möglich ist, dass alle Babys in einer intakten, geplanten Familie auf die Welt kommen, kann man dennoch viele Situationen entlasten, indem eine bessere Information und Hilfestellung in Anspruch genommen werden kann. Es geht nicht darum Schuldgefühle zu erzeugen, sondern um Verständnis und Entlastung. Auch in den schwierigsten Situationen kann man etwas tun! Oft sind es auch die sogenannten „Kleinigkeiten", die schon hilfreich sind.

Auch in einer intakten Familie kann es zu Problemen kommen, das ist ganz normal! Jede werdende Mutter hat – in welcher Situation auch immer – schwankende Gefühle, die sich auf die Mutter-Kind-Beziehung auswirken. Das Kind wird im Mutterleib direkt oder indirekt mit seiner Umwelt konfrontiert. In dieser Zeit lernt es bereits sich damit auseinander zu setzen. Das Kind wird auf die Art und Weise lernen, wie es die Welt über seine Mutter wahrnehmen kann. Denn die Mutter fühlt und handelt so, wie sie es aus ihrer eigenen Lebensgeschichte heraus tun kann. Sie hat dadurch ihre ganz eigene Wahrnehmung. Das Kind lebt in der Symbiose mit seiner Mutter. Es wird von ihr versorgt, es lebt mit ihrem Blut, ihren Hormonen, es freut sich mit ihr, es leidet mit ihr, es teilt ihre Gefühlswelt. Wenn die Mutter raucht, raucht es mit ihr, wenn sie trinkt, trinkt es mit ihr, ist sie drogenabhängig, nimmt es Drogen zu sich. Es teilt ihre Ängste und es sorgt sich um sie, weil sein Leben von dem Leben der Mutter abhängig ist und weil die Grundlage einer Kind-Mutter-Beziehung die Liebe ist. All das läuft auf einer tiefen, unbewussten Ebenen ab.

Jedes Ungeborene ist im Prinzip schädigenden Einflüssen ausgesetzt. Dies können sowohl psychische als auch chemische, physische und hormonelle Einflüsse sein. Aber ebenso bekommt das Kind von seinen Eltern oder auch Geschwistern liebevolle Zuwendung.

*Man kann von einem ungeborenen Menschlein nicht alles fern-halten. Dennoch kann man versuchen, die Gegensätze, denen es ausgesetzt, ist ein wenig auszubalancieren!*

Der Dialog mit dem Ungeborenen ist die Grundlage der ersten lebenswichtigen Beziehung im Leben des Kindes. So erhält das Baby schon im Mutterleib eine Prägung, wie mit der Welt umzugehen ist. Durch dieses erste „Miteinandersein" findet die erste einschneidende **psychosoziale** Strukturierung statt. Im Grunde sollten wir uns bewusst sein, dass der kleine Mensch, der da wächst bereits im Mutterleib vollwertig ist. Wir müssen das Ungeborene ernst nehmen und in unsere Kommunikation mit einbeziehen.

Die inzwischen tiefen Einsichten in die Psychologie des Unge-borenen und des Säuglings lässt die Bedeutung der vor- und nachgeburtlichen Erfahrungen und ihre Auswirkungen auf die ganz individuelle Struktur eines Menschen in einem neuen Licht erscheinen. Leider ist es in den meisten Fällen immer noch so, dass die Geburtsvorbereitung und Schwangerschaftsbegleitung aus den üblichen Vorsorgeuntersuchungen, der entsprechen-den Gymnastik und der Auswahl des Krankenhauses besteht. Sehr häufig wird von Seiten der Gynäkologie die Schwanger-schaft als rein biologischer Vorgang betrachtet. Auch die Art, wie der jeweilige Gynäkologe die manuellen Untersuchungen durchführt hat eine Auswirkung auf den Fötus. Aus dem, was sich mir oft in der täglichen Praxis zeigt, würde ich mir wün-schen, dass die Erkenntnisse der modernen prä- und perinata-len Psychologie ein tieferes Verständnis bei den entsprechenden Fachleuten finden würden. So wäre es möglich den Prozess der Schwangerschaft, des Menschwerdens und der Elternschaft aus einer anderen Sicht heraus zu begleiten. An dieser Stelle möchte ich betonen, dass dies kein Vorwurf ist, sondern der Wunsch diesen wichtigen Erkenntnissen mehr Resonanz in unserer

Gesellschaft zu geben, denn auf lange Sicht können sie unser Zusammenleben lebenswerter machen.

Dieses Ziel ist nicht auf kurzem Weg erreichbar. Die Praxen der entsprechenden Fachärzte sind oft überfüllt und es fehlt einfach die Zeit für eine eingehende Beratung. Dafür gibt es aber entsprechende Beratungsstellen oder auch eingehende Informationen bei Geburtsvorbereitungskursen, die von Hebammen abgehalten werden.

Eltern zu werden bedeutet eine enorme Verantwortung, nicht nur für das Kind, sondern auch für sich selbst. Das heißt, dass die Eltern hier eine ganz große Chance haben, sich auch mit ihrer eigenen Geschichte und Problematik zu konfrontieren. Auch bei den Erwachsenen kann durch dieses bewusste Umgehen mit sich selbst, ein wenig im eigenen Leben aufräumen, wenn nötig sogar mit der Hilfe eines Therapeuten, evtl. systemische Familienarbeit etc., ein großes Stück eigene Heilung geschehen. Dadurch können Mutter und Vater ihrem Kind einen ganz anderen emotionalen Raum geben.

Immer mehr Eltern sind heute bereit, sich ganz bewusst auf Schwangerschaft und Geburt vorzubereiten und sich mit sich selbst und dem werdenden neuen Lebewesen auseinander zu setzen. Es wäre schön, wenn auch Frauen, die sich entschlossen haben ihr Kind alleine zur Welt zu bringen und aufzuziehen, den dazugehörigen Vater als Vater anzuerkennen und wenn irgendwie möglich in der bestmöglichen Form mit einzubeziehen. Jedes Kind braucht seinen Vater, er gehört nun einfach dazu! Aus den verschiedensten Studien geht hervor, dass viele Kinder, denen der Vater vorenthalten wird, sich langsamer entwickeln oder schwierig sind. Ein Umdenken in dieser Richtung bedeutet eine ganz bewusste Umorientierung unserer Gesellschaftswerte.

Man weiß, dass Kinder, die in der Schwangerschaft liebevolle Zuwendung erlebt haben sich wesentlich schneller und besser entwickeln. **Pränatale Lernprogramme** – so *Manrique* (1993) und *Panthuraamphorn* (1995) – wirken positiv auf die Entwicklung der Kinder. Wahrscheinlich hat das auch wesentlich damit zu tun, dass das Ungeborene dadurch wahrnimmt, dass es angenommen und willkommen geheißen ist. Ein Mensch, der gespürt hat, dass er willkommen ist, es wert ist geliebt zu werden, hat um vieles bessere Voraussetzungen, sein Leben gut zu gestalten, als ein Kind, das schon im Mutterleib erfahren hat, nicht gewünscht oder nur geduldet zu sein.

Damit Sie besser auf Ihr Kind eingehen und sich vorstellen können, was Ihr Baby macht, habe ich versucht zusammenzutragen, was dem neuesten Wissen entspricht.

Eine der für mich beeindruckendsten Dokumentationen von Kommunikation im Mutterleib, stammt von der Italienerin *Dr. Alessandra Piontelli* (1992). Sie beobachtete stundenlang die Zwillinge Luca und Alicia ab der 20. Schwangerschaftswoche, sie wurden die „freundlichen Zwillinge" genannt. Luca, der Junge, der wachere und aktivere der beiden, bewegte sich immer wieder zu seiner ruhigen Schwester Alicia. Durch die Eihaut hindurch berührte er sie. Die beiden berührten und küssten sich, dann kehrte wieder jeder zu seiner eigenen Aktivität zurück. Die Eltern der Zwillinge waren von Anfang an aufgeschlossen und liebevoll. Die Wirkung auf die Entwicklung der Zwillinge war auch später noch gut zu sehen, denn sie entwickelten sich beide relativ schnell. Mit einem Jahr konnten sie laufen, begannen früh zu sprechen und ihr Lieblingsspiel war das Verstecken hinter einem Vorhang, den sie genauso nutzten wie die Eihaut im Mutterleib, indem sie sich durch den Vorhang streichelten und lachten.

Frau *Birgit Arabin* (1994) hat auf einem Video dokumentiert, wie Zwillinge sich küssen und eines der Kinder zeigt daraufhin einen glücklichen Gesichtsausdruck.

Ebenso gibt es Aufzeichnungen, wo Zwillinge sich regelrechte Schlägereien im Mutterleib liefern. (Das Wunder des Lebens/ DVD National Geographic)

Diese Untersuchungen und Dokumentationen zeigen sehr deutlich, dass es bereits sehr früh (20. Schwangerschaftswoche, vielleicht sogar schon früher) zu gefühlsmäßigem und sozialem Austausch kommt. Genauso ist natürlich der Austausch mit der Mutter.

Nach Unfällen haben die Föten **Hyperkinesien** (übermäßige Bewegungen) und/oder **Tachykardien** (zu schneller Herzschlag) und brauchen oft Stunden, bis sie sich wieder beruhigen.

Man weiß inzwischen auch, dass Fernseh- oder Kinofilme, in denen Gewalt eine Rolle spielt, sich sofort aber auch langfristig traumatisierend auf das Ungeborene auswirken. Die neuesten Erkenntnisse aus der Traumaforschung weisen darauf hin, dass brutale Filme oder ein wiederholtes Zeigen von Katastrophen (z.B. 11. September, Kriegsereignisse, etc.) genauso traumatisierend auf unser Nervensystem wirken, wie wenn wir uns in direkter Nähe des Geschehens aufhalten!

Ebenso reagiert in den letzten Wochen der Schwangerschaft das Ungeborene auf den Geschlechtsverkehr der Eltern. Bei einem Orgasmus der Mutter oder des Vaters kommt es zu einer extremen Veränderung des Herzschlages beim Fötus, eine Beschleunigung oder Verlangsamung um mehr als 30 Schläge pro Minute.

Ultraschalluntersuchungen haben gezeigt, dass ein Fötus sich bereits in der 6. Schwangerschaftswoche beginnt zu bewegen und dass bereits bis zur ca. 10. Woche der volle Umfang seiner Bewegungsmöglichkeiten vorhanden ist. Im Alter von 10 Wochen kann ein Fötus die Hand zum Kopf führen, schlucken, den Mund öffnen und schließen, sich um die eigenen Achse drehen. Ebenso ist die Bewegung nach dem Lachen oder Husten der Mutter ab der 10. Woche (*Tajani & Ianniruberto* 1990) erkennbar. Auch der Saugreflex wurde schon um die neunte Woche beobachtet. Finger und Zehen sind zum Lutschen sehr beliebt!

Ein Ungeborenes ist schon sehr aktiv und spielt nicht nur mit Händen oder Füßen, sondern auch mit der Nabelschnur, so beginnt es bereits vor der Geburt mit der Koordination von Bewegungen.

Aus vielen Ultraschalluntersuchungen weiß man, dass Lächeln und schnelle Augenbewegungen bereits in der 23. Schwangerschaftswoche auftreten! Die schnellen Augenbewegungen weisen auf den ersten tiefen Schlaf hin.

Das Ungeborene reagiert bereits ab der 7. Woche! auf Bedrohungen aus der Umwelt durch Abwehren oder Unruhe.

Auf das Einführen von Nadeln bei einer Fruchtwasserpunktion reagieren die Ungeborenen mit Rückzug oder sogar mit Abwehr! (*Birnholz* 1978) hat bei einer solchen **Amniozentese** festgestellt, dass das Baby in der 24. Schwangerschaftswoche nach der Nadel schlug! Manche Föten geraten in einen regelrechten Schockzustand und es kommt erst nach Tagen wieder zu einer Normalisierung der Herzschlagfrequenz und der Atembewegungen.

Schon hier kann man den Zusammenhang von Bewegungen und Gefühlen deutlich nachweisen. 1986 hat *Olds* herausgefunden, dass es einen Zusammenhang von gewalttätig klingender Musik bei Rockkonzerten und heftigen Reaktionen bei Ungeborenen gibt. Hier haben Schwangere Rippenbrüche durch das heftige Gestrampel ihrer Babys im Mutterleib erlitten.

Der früheste Beweis über den Ausdruck von Gefühlen stammt von *Humphrey* (1978), der Ultraschallbilder von Abtreibungen von 12 bis 15 Wochen alter Föten zeigt, die ihre Augen zusammenkneifen und deutlich grimassieren. Es gibt sogar Berichte über hörbares Schreien von Ungeborenen, die zwischen der 21. und 23. Schwangerschaftswoche abgetrieben wurden. Das erste Mal wurde ein Schrei spektrographisch 1975 von *Henry Truby* bei einer Abtreibung eines Fötus von 900g in der 27. Schwangerschaftswoche aufgezeichnet.

Leider wird sogar heute noch zum Teil behauptet, dass ein Ungeborenes weder Gefühle noch Schmerzempfinden hat. Bis vor noch nicht allzu langer Zeit wurden bei Neugeborenen kleinere oder sogar größere chirurgische Eingriffe teilweise ohne Narkose durchgeführt! Das ist für schwerste Traumatisierungen verantwortlich, die lebenslange Wirkung zeigen!

Ihr Baby beginnt Geräusche schon sehr früh wahrzunehmen. Das Ohr ist zwar erst etwa in der 25. Woche der Schwangerschaft komplett entwickelt, dennoch scheint das Kind schon früher Geräusche wahrzunehmen. Das kann man an Hand der reaktiven Bewegungen der Föten sehen. Man weiß auch, dass das Ungeborene Klänge über die jeweilige Resonanz im mütterlichen Körper aufnimmt. Dieses Mitschwingen übt eine bestimmende Wirkung auf die körperliche und psychische Entwicklung des Embryos aus. Neugeborene reagieren positiv auf

Musik und Klänge, die sie in der Schwangerschaft schon gehört haben.

Denken sie daran, dass ihr Kind in ihrem Bauch schon viel lernt über sich und seine direkte Umwelt. Hier findet seine erste strukturelle Prägung statt. Jeder Moment des Lebens wird auf tiefen Schichten genutzt um mit allen Sinnen zu lernen. Vergangene Erfahrungen lassen uns in der Gegenwart agieren. Erfahrungen erzeugen die Wahrnehmung der Ereignisse, die uns begegnen und wie wir am besten darauf reagieren. So lernt das Ungeborene und dieses Lernen zieht sich durch sein gesamtes Leben. Wenn jedoch die verschiedenen Wahrnehmungssysteme widersprüchliche Informationen bekommen und zwischen den sensorischen Erfahrungen ein Missverhältnis entsteht, kann es unsere Fähigkeit mit unserem Umfeld umzugehen stark beeinträchtigen. Im zentralen Nervensystem werden sensorische Erfahrungen in Bezug auf Schmerz, Wohlbefinden, Geschmack, Klang, der Qualität des Fühlens, Raumempfinden und vieles andere gesammelt und eingeordnet. An Hand dieser im Nerven-Muskel-Skelett-System gespeicherten Eindrücke und Informationen findet die Art der Orientierung und der Reaktionen statt. Die daraus entstehenden Probleme im Bereich der **Sensorik** und **Motorik** machen es einem Menschen schwer mit seiner Umwelt umzugehen.

Helfen Sie ihrem Baby sich positiv entwickeln zu dürfen, das heißt nicht, dass Sie ihm eine konfliktarme Welt vorgaukeln, sondern sich ehrlich und liebevoll mit ihm auseinandersetzen!

# Das Entstehen von prä- und perinatalen Traumata

Seit vielen Jahren behandle ich mit Craniosacraler Traumatherapie. Das ist eine Kombination aus Craniosacraler Osteopathie und Traumatherapie. Einer meiner Schwerpunkte ist die Behandlung von Säuglingen und Kindern. Das ist eine wunderbare Arbeit mit der man dem Leben ganz am Anfang eine gute Ausrichtung sowohl körperlich als auch seelisch geben kann. Seit fast 30 Jahren sehe ich Menschen in meiner Praxis wo das Leben, Verhaltensmuster oder Ansichten, die durch traumatische Erfahrungen entstanden sind, heilen können. Gerade Babys haben oft mehr schwierige Erfahrungen in der Zeit im Bauch oder um die Geburt herum gemacht als wir uns so vorstellen können. Diese gehören jedoch zu den prägendsten in unserem ganzen Leben. Wenn wir das verstehen, dann kann hier auch viel getan werden um gesunde Grundlagen für das Leben eines kleinen Menschen zu schaffen.

Wie wir unsere Welt wahrnehmen und uns verhalten, wird in unseren Nervenzellen und dem Nervenzellnetz gespeichert. Auch wie wir denken, Situationen beurteilen oder mit zwischenmenschlichen Problemen umgehen, ist in diesem Netzwerk programmiert. All unsere vergangenen Erfahrungen haben unsere neuronale Wahrnehmung geprägt und sind tief im Gehirn abgespeichert. Es finden bereits 60 bis 90 Tausend neuronale Verknüpfungen pro Minute im Ungeborenen statt. Somit ist für die Reaktion auf zukünftige Situationen bereits früh ein „Programm" geschrieben worden. Dies nimmt nicht nur Einfluss auf alle zwischenmenschlichen Beziehungen, sondern auch auf unser gesamtes Leben.

# Wo beginnt das?

Bereits in der prä- und perinatalen Zeit, also in der Zeit vor, während und nach der Geburt, beginnt die Prägung von Beziehung. In meinem Buch „kleine Sorgenkinder" habe ich ein ganzes Kapitel der Wirkung von Trauma in der frühesten Kindheit gewidmet. Es ist ein Thema, das mir ganz besonders am Herzen liegt. Auch hier möchte ich wieder betonen wie gravierend die Auswirkungen der Erfahrungen auf die Gehirnstrukturen eines Kindes sind – im Positiven, wie im Negativen.

Durch meine Arbeit mit den ganz kleinen Patienten ist mir gerade unser aller frühester Anfang so sehr wichtig. Denn hier finden die tiefsten Prägungen statt. Aus diesem Grund möchte ich auf diese Zeit besonders aufmerksam machen. Ich möchte damit noch mehr Verständnis schaffen, wie die verschiedensten Erlebnisse auf unsere Zellen wirken.

# Was ist Trauma überhaupt?

Trauma ist nicht ein Ereignis das Folgen hat, sondern Trauma ist die Folge von einer für unser Nervensystem überwältigenden Erfahrung, die sich nicht in irgendeiner Form ausgleichen konnte. Das kann ein Ereignis sein: eine lebensbedrohliche Situation, extremer Dauerstress, Anblick oder Erfahrung von körperlicher Gewalt, etc. aber auch Operationen, Unfälle, Tod von uns nahestehenden Menschen. Ein traumatisierter Mensch entwickelt Symptome, sowohl körperlich als auch seelisch. Diese Symptome entstehen durch Energie, die im Körper erstarrt ist. Wenn wir mit Gefahr konfrontiert werden, so aktiviert unser Körper so viel Energie wie möglich – entweder um zu fliehen oder zu kämpfen. Das sind Urreflexe, die ganz automatisch geschehen. Wenn keine der beiden Reaktionen

Erfolg verspricht, so „frieren" wir ein, es ist ein Erstarren. Dennoch ist all die aktivierte Energie da. Das gesamte Nervensystem ist immer noch in einem extremen Erregungszustand. Das kann man vergleichen mit einem Auto, das sie mit Vollgas fahren und gleichzeitig auf die Bremse treten. Hier kann man sich vorstellen, welche Turbulenz im Körper entsteht und wie wichtig es ist, dass nach einem solchen Ereignis diese überaktivierte Energie wieder entladen werden muss. Wenn dies nicht geschieht, entwickeln sich Symptome wie Depressionen oder Angstzustände, psychosomatische Symptome und Fehlverhalten. Tiere in der freien Wildbahn haben die Möglichkeit sich abzureagieren, sie entwickeln daher eher sehr selten Symptome. Wir Menschen haben da größere Schwierigkeiten. Da ist uns alles Mögliche im Wege, z.B. unser Verstand, unsere Umwelt, Lebensbedingungen etc.

Ich glaube, dass die meisten Menschen in irgendeiner Form traumatisiert sind. Die Ursachen von Trauma sind so vielfältig, ebenso ihre Folgen, dass wir oft gar nicht wissen, dass und wie und wann wir traumatisiert wurden. Wenn die Folgen einer Traumatisierung besonders stark und hinderlich für einen Menschen sind, so nennt man das „posttraumatisches Belastungssyndrom (PTBS)". Durch die moderne Traumatherapie z.B. nach *Peter Levine* ist es möglich sehr behutsam und respektvoll diese festgehaltene Energie zu entlassen. Jeder Mensch hat die Chance und das Potential sein Trauma zu transformieren und zu heilen.

In der Craniosacraltherapie, der Traumatherapie und buddhistischen Therapieansätzen gibt es das Konzept des heilen Kernes oder der Buddha-Natur. Man geht hier davon aus, dass tief in jedem von uns alles heil und gesund ist, egal wie körperlich oder psychisch krank jemand ist, dass wir in dieses Potential eintauchen können und dadurch Heilung geschehen kann.

In den letzten 20 bis 30 Jahren hat man auf Grund neuer Therapieformen herausgefunden, dass das Ungeborene extrem empfindlich und verletzlich ist. Positive und negative Erfahrungen während der Schwangerschaft sind prägend. Wir haben es bei dem Baby im Mutterleib durchaus nicht mit einem unbewussten Wesen zu tun! Bei Therapien mit Jugendlichen und Erwachsenen z.B. Hypnose, Psychokinesiologie, Regressionstherapien u.ä. „erinnerten" die Patienten traumatische Phasen als Ungeborene.

**Pränatale** (vorgeburtliche) **Traumata** wirken lebenslang, wenn sie von weiteren verstärkenden oder interaktionellen Traumata (d.h. verschiedene Traumata interagieren miteinander und verstärken sich gegenseitig) begleitet werden, wenn dies nicht entsprechend behandelt und aufgelöst wird.

1. Babys übernehmen elterliche Erfahrungen und Gefühle
Dies geschieht zum Teil auf biochemischem Weg (durch Katecholamine) durch die Nabelschnur, aber wohl auch medial und findet wahrscheinlich auf der Ebene der Zellen statt. Die bedeutsamsten formativen Erlebnisse finden während der ersten 3 Monate statt (*Frank Lake*).
*R.D. Laing* schreibt in seinem Buch „Die Tatsachen des Lebens": *„Ich registriere meine Umgebung von Beginn des Lebens an; mit der ersten meiner Zellen. Was den ersten ein oder zwei Zellen von mir zustößt, vibriert durch alle den ersten zellularen Eltern folgenden Generationen. Die erste trägt alle meine genetischen Erinnerungen."*

2. Entdeckung ungewollter Schwangerschaft
Gedanken, Gefühle der Mutter, Streitgespräche ob Abtreibung oder nicht, haben im späteren Leben Depressionen und autoaggressives Verhalten ihren Ursprung in dieser vorgeburtlichen Zurückweisung. Gleichzeitig entsteht schon hier ein Problem in punkto Bindung. Oft sind diese

Menschen ein ganzes Leben lang auf der Suche nach Akzeptanz und Liebe. Weiter hierfür typische Reaktionen sind Hilflosigkeit, Wut gegen andere, übertriebener Gerechtigkeitssinn etc.

Fallbeispiel

Ein Junge, drei Monate alt, fing jedes Mal an zu weinen, wenn seine Mutter ihn ablegte. Als Ursache fanden wir mit Hilfe der Psychokinesiologie, Abtreibungsgedanken der Mutter im ersten Drittel der Schwangerschaft, die bei dem Embryo einen Schock und Todesangst auslösten. Während der Behandlung reagierte das Baby deutlich, als es die Situation nochmals durchlebte. Mit weiteren Behandlungen mit der Craniosacraltherapie wurde das Kind ruhiger und konnte nach einigen Wochen bereits alleine schlafen und tagsüber auch ohne ständigen Körperkontakt zufrieden sein.

3. Pränatale Eingriffe

Fruchtwassernadeln und Katheder werden als aggressiver Angriff auf das Leben empfunden. Entweder die Embryos ziehen sich völlig zurück oder schlagen sogar nach den Nadeln! Anästhetika werden als Vergiftung empfunden, chemische oder mechanische Abtreibungsversuche lassen später die normale Geburt auch wenn sie noch so gut verläuft, oft lebensbedrohlich erscheinen.

4. Pränatale Aggression

Kriegserlebnisse während der Schwangerschaft oder Vergewaltigungen der Mutter, physischer oder psychischer Missbrauch oder Gewalt erhöhen die Bereitschaft zur späteren Gewalttätigkeit.

5. Adoption

Meistens haben Adoptionskinder schon eine schwierige pränatale Phase hinter sich. Möglicherweise Abtreibungsgedanken, -versuche, Zeugungstrauma – evtl. Vergewaltigung, psychologischer Stress (das Kind war den Gefühlen

der Mutter ausgesetzt, evtl. kulturelle oder soziale Schande).
Das i-Tüpfelchen ist dann noch das Weggeben des Kindes –
„ich bin nicht wert, dass ... ... ...“

6. Verlust eines Zwillings im Mutterleib

Zwillingsanlagen sind häufiger als man denkt. Zwillinge
oder Mehrlinge haben eine besonders starke Bindung. Wenn
aus irgendeinem Grund ein Embryo abstirbt, so ist das ein
enormer Verlust. So ein Kind nimmt seine Verlustängste
mit in sein zukünftiges Leben. Beim Entdecken eines solchen Phänomens ist es wichtig, die Trauer des Babys anzuerkennen und dem verlorenen Kind seinen Platz in der
Familie einzuräumen. Dies kann z.B. durch Familienstellen oder bestimmte Rituale geschehen oder einfach durch
Respekt und Trost, Halten und Verständnis. Ich selbst bin
ein „übriggebliebener Zwilling“. In der Zeit, in der ich
geboren wurde, hat man über diese Themen nicht einmal
nachgedacht. Man hielt mich von Anfang an für merkwür-
dig. Meine Mutter hat versucht die ungewollte Schwangerschaft abzutreiben. Meine Zwillingsschwester hat es nicht
überlebt. Ich habe vom ersten Moment an die Muttermilch
erbrochen – keiner hat es verstanden. Aus meinem heutigen
Wissen heraus verständlich. Später habe ich immer meine
Schwester gesucht – alle hielten mich für nicht ganz richtig.

**Fallbeispiel**

Jakob, ein 12 jähriger Junge wurde mir von seiner Mutter
vorgestellt. Seit fast einem Jahr ging er nicht mehr in die
Schule. Er hatte extreme Ängste entwickelt. Am Anfang
war der Schulbesuch noch möglich wenn einer der beiden
Eltern vor der Klassenzimmertüre saß! Jakob wurde dann
zu einem Kinderpsychologen in Therapie gebracht, der ihn
dann auch schulunfähig schrieb. So entwickelte sich eine
Negativspirale aus Angst und Sekundärnutzen. Er brauchte
nicht in die Schule gehen und konnte seine Eltern manipulie-
ren, dennoch hatte er natürlich seine Ängste. Aber warum?

Alle verhaltenstherapeutischen Maßnahmen brachten nicht wirklich etwas. So landete er bei mir in der Praxis. Jakob, ein liebenswerter Junge, verkroch sich fast im Sessel, weil ihm das natürlich auch peinlich war. Ich fing erstmal an ihn mit craniosacraler Therapie zu behandeln um sein Nervensystem etwas zu beruhigen. Dann arbeitete ich mit Elementen aus der Psychokinesiologie, bzw. dem Zellheilungsprozess mit ihm. Von Sitzung zu Sitzung machte er Fortschritte. Bei einer Behandlung stellte sich heraus, dass auch er einen Zwilling verloren hatte. Durch den Jungen ging so etwas wie ein tiefes Aufatmen – eine unglaubliche Freude. Ab diesem Moment ging es schlagartig aufwärts. Jetzt geht er wieder in die Schule und kann sich gar nicht mehr vorstellen, wie es war nicht dorthin zu gehen!

Die Ereignisse aus der vor- und nachgeburtlichen Zeit werden deshalb so extrem prägend, da in diesem Lebensabschnitt, – das gilt übrigens bis ca. zum 7./8. Lebensmonat – das Nervensystem noch eine andere Funktionsweise hat. Vorgeburtlich ist das Nervensystem noch nicht vollständig ausgebildet, nicht differenziert und noch ohne Schutzschicht. Diese Schicht ist das sogenannte Myelin. Deshalb werden die Erinnerungen mehr über die Zellen gespeichert (*Frank Lake*). Bei Stress bekommt das Nervensystem einen hohen Reiz. Wenn dieser hohe Reiz eine Überwältigung des autonomen Nervensystems darstellt, so findet das Nervensystem nicht mehr ganz in die Balance zurück. D.h. es bleibt in einer gewissen „Gereiztheit", was einen großen Einfluss auf den Zellstoffwechsel, auf die Steuerung der Hormonausschüttung und damit auf das gesamte körperliche und psychische Befinden hat. Man nennt es daher ein globales Trauma, weil es die Gesamtentwicklung – Körper, Geist und Psyche beeinflusst!

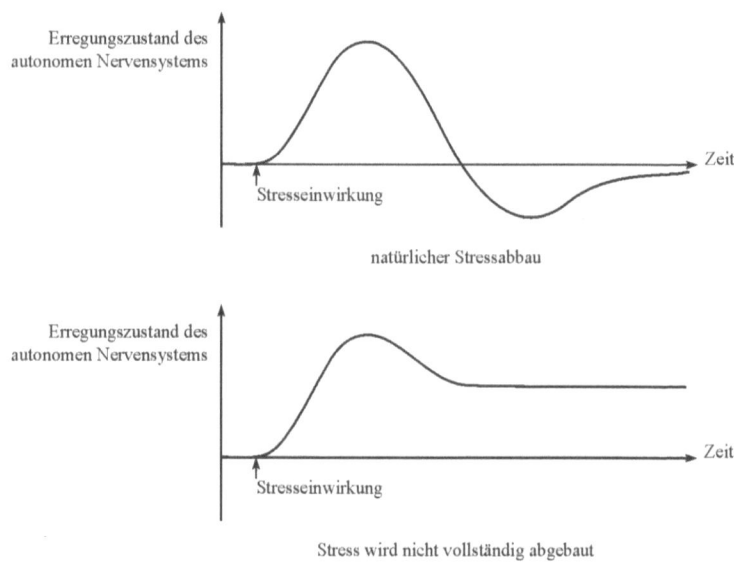

Abb.: Stressabbau

Das große Problem dabei ist, dass der Säugling noch keine Qualitätsunterschiede machen kann. Wenn das Nervensystem einmal über ein gewisses Maß gereizt wurde, so werden **auch oft ganz „normale" Reize wie Schmerz wahrgenommen z.B. Hunger oder Geräusche**. Es gibt für ein Baby auch keine „Grautöne" es gibt nur Schwarz oder Weiß – Leben oder Tod. Wenn wir lernen die Symptome der Kleinen aus diesem Wissen heraus anzusehen, so fällt es leichter sie zu verstehen und damit umzugehen.

All diese relativ neuen Erkenntnisse sind ein großes Geschenk an uns und unsere Kinder. Denn wenn es möglich ist den ganz kleinen Kindern zu helfen ihre Traumata zu heilen, so können sie ganz anders in ihr Leben gehen. Es ist eindeutig erwiesen, dass prä- und perinatale Traumata einen großen Einfluss auf die Bindungsfähigkeit und die Aggression eines Menschen in seinem späteren Leben haben.

# Schmerzempfinden

Das Schlimme daran ist, dass Traumatisierungen gar nicht als solche erkannt werden, weil immer noch die weitverbreitete Meinung gilt: „Die bekommen ja sowieso nichts mit!" Ich habe in meiner Praxis vor etwa 10 Jahren noch erlebt, dass man in der Klinik einer Mutter erklärte, dass ein Neugeborenes noch kein Schmerzempfinden hätte und man an ihrem einwöchigen Jungen ohne Anästhesie und Analgesie eine Leistenbruchoperation vorgenommen hat! Ein solches Kind entwickelt Misstrauen in die Menschen, die ihnen am nächsten sind, in das Umfeld, in die Welt. Dadurch wird der gerade zur Heilung eines Traumas so wichtige Bindungsprozess verhindert oder schwer gestört.

In der Forschung ging man lange davon aus, dass Babys in den ersten Wochen und Monaten kein Schmerzempfinden haben, weil ihr Gehirn dahingehend nicht reif genug sei. Man beurteilte die Reaktion der Säuglinge als „Reflexe", die nichts zu sagen hätten. Es ist noch gar nicht so lange her, dass chirurgische Eingriffe bei Säuglingen ohne Schmerz und Betäubungsmittel durchgeführt wurden. Das war eigentlich bis ca. Ende der 80er Jahre so Usus. Aber auch heute geschieht das wohl noch, wie auch in der Intensivmedizin, wo immer noch schmerzhafte Eingriffe ohne Analgesie durchgeführt werden. Man beruhigt die Eltern damit, dass man ihnen sagt, dass Körperkontakt und Füttern wichtiger sei als Schmerzmittel. Immer noch gilt Zuckerwasser oft noch als Mittel der Wahl, wenn Babys schreien oder die Herzfrequenz erhöht ist, was ein Zeichen dafür ist, dass das Nervensystem überreagiert.

Es ist richtig, dass Schmerz beim Säugling schlecht zu messen ist. Schon *Karl Valentin* sagte (Der Apotheker): „Das Kind sagt ja nicht wo es ihm weh tut!" Eine Untersuchung mit der MRT (Magnetresonanztomographie) ist schwierig, da sich Babys und

Kleinkinder in der Röhre nicht ruhig halten, was aber für eine einwandfreie Bildgebung nötig ist.

*Die englische Pädiaterin Rebeccah Slater von der Universität Oxford nutzte die Tatsache, dass Neugeborene noch viel schlafen und untersuchte 10 Säuglinge, nachdem sie von ihren Müttern in den Schlaf gewiegt worden waren. Während sie auf dem Untersuchungstisch lagen, „piekten" die UntersucherInnen die Ferse der Kinder sanft mit einer Feder (Kraft bis zu 128 Millinewton). Dadurch wurden im Gehirn der weiterhin schlafenden Kinder 18 von 20 Hirnarealen aktiviert, die bei Erwachsenen auf eine Kraft von bis zu 521 Millinewton reagierten. Die Intensität der Hirnsignale war bei Säuglingen und Erwachsenen gleich stark, obwohl die Stimuli bei den Säuglingen viermal geringer waren.*

*Es gab zwar Unterschiede in den Aktivitätsmustern, die laut Frau Slater vermuten lassen, dass Säuglinge anders auf Schmerz reagieren. Richtig sei auch, dass einige Leitungsbahnen, die an der Schmerzwahrnehmung beteiligt sind, noch nicht angelegt sind. Dass Säuglinge aber gar keine Schmerzen empfinden, könne auf Grund der Ergebnisse nicht länger behauptet werden. (aertzeblatt. de, 22.04.2015)*

Eine in *eLife* publizierte Studie geht davon aus, dass die Schmerzschwelle von Säuglingen viermal niedriger ist als bei Erwachsenen.

Schmerz macht Stress und führt zu einer Überreizung des Nervensystems, das wiederum bedeutet Trauma ... Aber auch emotionaler Stress lässt das Schmerzzentrum anspringen und kann körperliche Schmerzen verursachen.

Die gute Nachricht dabei ist: neue Erkenntnisse geben uns neue Möglichkeiten in der Prävention und in der Behandlung!

# Geburtstraumata

Eingriffe zum Zwecke der Geburtshilfe sind Traumatisierungen!!! Das wird nicht gerne gehört, geschweige denn zur Kenntnis genommen und noch viel weniger danach gehandelt. Oft sind diese Eingriffe nicht zu verhindern, aber wenn das Wissen um die Folgen da ist, kann man vor, während und nach einem solchen Eingriff anders mit Mutter und Kind umgehen!!!

1. Künstliche Einleitung der Geburt und Wehenbeschleunigung
   Bei der künstlichen Einleitung werden Medikamente wie Oxytocin oder Pitocin eingesetzt. Diese Mittel werden dann eingesetzt, wenn der Geburtstermin ca. 14 Tage überschritten ist, die Fruchtblase geplatzt ist oder gesprengt wurde. Wehenbeschleuniger setzt man ein, wenn die Wehen schon eingesetzt haben, jedoch zu langsam oder zu schwach sind. Sowohl die künstliche Einleitung als auch die Wehenbeschleunigung haben negative Folgen wie z.B. das Gefühl überwältigt zu sein (Invasionskomplex), Kontrollverlust, Schock, Schmerzüberwältigung, Probleme im Bereich des Selbstwertes, Bindungsstörungen. Diese Mittel werden bei ca. 40% aller Klinikgeburten eingesetzt, sehr oft um den Zeitablauf im Krankenhaus nicht durcheinander zu bringen.
2. Zu lange Wehenphase
   Erschöpfung, Überforderung
3. Steckenbleiben im Geburtskanal
   Das kann von Frust über Schmerz bis zur Lebensbedrohung gehen.
4. Nabelschnur um den Hals
   Hier hat das Kind Todesängste. Diese Babys haben nach der Geburt auch mit Kleidung Probleme, die zu eng ist oder am Hals anliegt.

Ein Junge, 6 Monate alt, hatte Ein- bzw. Durchschlafschwierigkeiten. Er schreckte während der Einschlafphase häufig auf, weinte heftig und ließ sich nur von seinem Vater beruhigen. Mit Hilfe der Psychokinesiologie/Zellheilungsprozess fanden wir folgendes heraus: kurz vor der Geburt des Jungen setzten die Wehen der Mutter für eine Weile aus. In dieser Zeit befand er sich wohl in einem schlafähnlichen Zustand. Da die Wehenpause den Ärzten zu lange erschien, bekam die Mutter wehenfördernde Mittel worauf die Wehen unvermittelt und heftig einsetzten. Dadurch wurde der Ungeborene stark erschreckt. Jedes Mal beim Einschlafen erinnerte sich sein Unterbewusstsein an dieses traumatische Erlebnis und lies ihn wieder aufschrecken. Nach der Behandlung schlief der Junge deutlich besser.

Rena, ein 4 Wochen altes Mädchen, sie wog bei der Geburt 3800g, jetzt nur noch 2800g! Die Geburt war schrecklich, sie hatte die Nabelschnur zweimal um den Hals, steckte 4 Stunden im Geburtskanal und musste nach der Geburt sofort auf die Intensivstation. Dort nahm sie kontinuierlich ab, bis die Mutter sie auf eigene Verantwortung mit nach Hause nahm. Mir fallen als erstes die Augen des Säuglings auf. Es ist als hätte sie sich aus Panik gar nicht auf ihren Körper eingelassen. „Nicht zuhause" sage ich und die Mutter beginnt zu weinen. Sie hat das Gefühl als würde ihr Kind gar nicht richtig leben. Ich erinnere mich an alles, was ich jemals über Traumatherapie gelernt habe und beginne den kleinen Körper vorsichtig aber doch mit leichtem Druck auszustreichen. Ich erzähle Rena, dass ihr Körper gesund ist, dass sie es gut gemacht hat und dass die Geburt wirklich vorbei ist. Nach ca. 20 Minuten streckt sich das Kind das erste Mal in seinem kurzen Leben. Zu diesem Zeitpunkt spüre ich, dass das Baby Kontakt zu seinem Leben bekommt. In dieser Sitzung kann ich noch nicht mit dem deformierten Köpfchen arbeiten, denn eine Berührung im Kopfbereich ist für Rena zu diesem Zeitpunkt noch eine Überforderung. Ich gebe der Mutter noch einige Anweisungen, was sie selbst tun kann, um ihrem Baby das Gefühl von einer gesunden Körpergrenze zu vermitteln.

*Nach 2 Wochen kommt sie mit Rena wieder. Rena ist „zuhause"! Sie lächelt und schaut mich interessiert an. Jetzt ist es kein Problem mehr, ihren ziemlich verschobenen Kopf zu behandeln. Im Gegenteil, sie drückt mir ihr Köpfchen in die Hände und wiederholt mehrmals den Geburtsprozess in den ich die Mutter mit einbeziehe.*

*Nach insgesamt drei Sitzungen ist meine Arbeit beendet, Rena wächst und gedeiht, ist sehr wach und aufmerksam und die Mutter-Kind-Bindung ist ausgeglichen.*

## 5. Saugglocke, Zange

Beide haben eine ähnliche Wirkung. Sie erzeugen beide Schock, Kontroll- und Orientierungsverlust, Bindungsstörungen, Schmerz. Die „Berührung" der Zange oder Saugglocke ist der erste Kontakt nach außen. Das ist verbunden mit Schmerz und Kälte, unpersönlich. Die Babys verstehen die Welt nicht mehr. Erstens ist ihr Geburtsrhythmus durcheinander gebracht, sie fühlen sich nicht verstanden, ungeliebt, überwältigt. Oft entwickeln diese Kinder zuerst eine starke Abwehr gegen Berührung. Ich habe in meiner Praxis Babys erlebt, die nach einer Saugglockengeburt Wochen gebraucht haben, bis sie sich streicheln ließen.

Fallbeispiel Adriana, ein fünf Monate altes Mädchen, schreit bis zu 14 Stunden am Tag und schläft nachts schlecht. Beide Eltern sind nervlich am Ende. Die Mutter ist verzweifelt, weil alle Bemühungen, das Kind zu beruhigen, vergeblich sind.

Die Geburt war schwierig, am Schluss mit Saugglocke, was zu einem Kephalhämatom führte und anschließend musste das Kind für einige Tage auf die Intensivstation, was eine Trennung von Mutter und Kind zur Folge hat. Für die Klinik Alltag und Routine, für Mutter und Kind ein schon vielschichtiges Trauma.

Zuerst nehme ich der Mutter das Kind ab und spreche ganz ruhig mit Adriana, frage sie, ob ich sie berühren darf. Sie streckt mir ihre Beinchen entgegen und so beginne ich hier. Innerhalb weniger Minuten wird sie ruhiger und fängt an sich zu entspannen. Als ich am Körper anfange zu arbeiten, schläft sie ein, die Wirbelsäule streckt sich, der kleine Körper entspannt. Bei Beginn der Kopfarbeit wacht sie auf und beginnt panisch zu schreien als ich das Schädeldach berühre. So gehe ich mit meinen Händen wieder an den Körper, sie wird wieder ruhig und lächelt. Ich halte Augenkontakt und spreche mit ihr. Nachdem ich die sogenannte „Traumaschleife" (traumatisierte und gesunde Körperstelle) mehrmals durchlaufen habe, kann ich ohne Schwierigkeiten die durch die Saugglocke immer noch verschobenen Scheitelbeine wieder vorsichtig reponieren. Adriana ist ruhig und aufmerksam und streckt ihrer Mutter die Hände entgegen.

Der Mutter gebe ich eine kurze entspannende Sitzung und bitte sie auch etwas für sich zu tun.

## 6. Kaiserschnitt

Die Babys können nicht den „normalen Weg" nehmen. Die Mutter-Kind-Einheit wird ohne Vorwarnung zuerst durch die Narkose gestört, es erlebt den Schnitt mit und dann wird es gegen seinen Willen ganz schnell aus dem warmen gemütlichen Bauch auf einmal herausgeholt. Hier erfahren sie innerhalb kürzester Zeit eine komplette Reizüberflutung auf jeder Ebene, visuell, akustisch und vom Empfinden des Körpers. Viele Kaiserschnitte müssten nicht sein! Heute werden zwischen 30 und 40% aller Babys mit Kaiserschnitt geholt. Es gibt Mütter, die einen Kaiserschnitt planen, weil sie keine normale Geburt wollen, nicht weil das Becken zu eng ist oder das Kind zu groß ist oder das Kind falsch liegt, sondern weil es bequemer ist oder weil es gerade Mode ist oder weil ihr Arzt ihnen dazu rät – es bringt ja auch mehr Honorar. Es gibt noch genügend Kaiserschnitte, die wirklich eine medizinische Indikation haben und wo jede Mutter froh ist um einen guten Gynäkologen und einen eben solchen Anästhesisten. Zum Trauma des Kaiserschnittes kommt noch das Trauma der Narkose hinzu. Das Kind erfährt extreme Grenzüberschreitung auf allen Ebenen. Die Folgen sind Schock und Angstreaktionen, Bindungs-, Beziehungs- und Abgrenzungsprobleme, Schwierigkeiten bei der Zielorientierung etc.

## 7. Narkose

Bei etwa 80% aller Klinikgeburten werden sowohl Schmerzmittel als auch Anästhetika verwendet. Anästhetika führen zu vielen psychischen Auswirkungen. Sie haben einen großen Einfluss auf die Mutter-Kind-Beziehung, sie erzeugen Schock, spätere Kontrollzwänge, Grenzprobleme etc. Durch die plötzliche unvorbereitete Gabe eines Narkosemittels wird das komplette Nervensystem (sensorisch, motorisch, emotional) des Kindes vor oder während des Geburtsprozesses überflutet. Außerdem ist die berechnete Dosis des Anästhetikums für das Kind immer zu hoch – weil die Dosis immer nach dem Gewicht der Mutter berechnet wird und das Medikament die Plazentaschranke durchdringt. Der Narkoseschock kann noch Tage anhalten, da Narkosemittel im Fettgewebe gespeichert werden und das Neugeborene einen sehr hohen Fettanteil hat. Bei der Gabe des Narkosemittels spürt das Ungeborene auf einmal völlig fremde Körpergefühle, wie Angst, Kontrollverlust , Orientierungslosigkeit, Verlust von Körperfunktionen, Vergiftung, Bewusstseinsverlust und Panik.

8. Kristellern

Oft habe ich in meiner Praxis erlebt, dass Mütter mit blauen Bäuchen nach der Geburt zu mir kamen, weil sich Arzt und Hebamme gleichzeitig auf die Mutter warfen um das Kind heraus zu drücken. Das ist für beide gleichermaßen traumatisierend. Einige Mütter empfanden das wie eine Vergewaltigung.

9. Peridural- oder Epiduralanästhesie

Die neuesten Forschungen beweisen, dass durch die sogenannte PDA die Kommunikation während der Geburt zwischen Mutter und Kind empfindlich gestört, wenn nicht sogar unterbrochen wird, weil der Unterkörper der Mutter betäubt ist. So spürt sie die Bewegungen des Kindes nicht und ihre Muskulatur reagiert nicht mehr auf das Baby, das aber gerade jetzt auf die Mama angewiesen ist. Ebenso bewirkt die PDA, dass der mütterliche Organismus kaum mehr oder keine Morphine ausschüttet, weil sie ja auch keinen Schmerz spürt. Das Ungeborene ist aber noch auf diese angewiesen und wird mit Schmerz überflutet.

Das große Problem dabei ist, dass der Säugling noch keine Qualitätsunterschiede machen kann. Wenn das Nervensystem einmal über ein gewisses Maß gereizt wurde, so werden auch oft ganz „normale" Reize wie Schmerz wahrgenommen z.B. Hunger oder Geräusche. Es gibt für ein Baby auch keine „Grautöne" es gibt nur Schwarz oder Weiß – Leben oder Tod. Wenn wir lernen die Symptome der Kleinen aus diesem Wissen heraus anzusehen, so fällt es leichter sie zu verstehen und damit umzugehen.

All diese relativ neuen Erkenntnisse sind ein großes Geschenk an uns und unsere Kinder. Denn wenn es möglich ist, den ganz kleinen Kindern zu helfen ihre Traumata zu heilen, so können sie ganz anders in ihr Leben gehen. Es ist eindeutig erwiesen, dass prä- und perinatale Traumata einen großen Einfluss auf die Bindungsfähigkeit und die Aggression eines Menschen in seinem späteren Leben haben.

Das Schlimme daran ist, dass Traumatisierungen gar nicht als solche erkannt werden, weil immer noch die weitverbreitete Meinung gilt: „Die bekommen ja sowieso nichts mit!" Ich habe in meiner Praxis sogar schon erlebt, dass man in der Klinik einer Mutter erklärte, dass ein Neugeborenes noch kein Schmerzempfinden hätte! Ein solches Kind entwickelt Misstrauen in die Menschen, die ihnen am nächsten sind, in das Umfeld, in die Welt. Dadurch wird der gerade zur Heilung eines Traumas so wichtige Bindungsprozess verhindert oder schwer gestört.

Fallbeispiel

Sebastians Eltern suchten den Kontakt zu meiner Praxis, als er noch in der Klinik war. Sebastian konnte nicht schlucken. Er wurde mit einer Magensonde ernährt. Man konnte klinisch keinen Grund dafür finden. Außerdem schrie er exzessiv.

Als die Eltern ihn zu mir brachten, konnte ich zwar eine leichte Dysfunktion im Oberkiefer feststellen, aber sie war nicht so schwerwiegend, dass er nicht hätte schlucken können. So bat ich die Eltern eine psychokinesiologische Sitzung/Zellheilungsprozess durchführen zu dürfen.

Dabei stellte sich heraus, dass Sebastians Gefühle bei der Periduralanäesthesie die waren, dass seine Mama tot ist, weil sie ja nicht mehr auf ihn reagieren konnte. Was geschieht in der Natur, wenn die Mama stirbt? – das Kind muss auch sterben! Die Traumatisierung war so stark, dass nichts ihn dazu bewegen konnte am Leben zu bleiben. Er war wütend, dass man ihn mit der Magensonde künstlich am Leben halten wollte. Er hat wirklich grausam getobt. Erst nach einigen Sitzungen konnte sein Nervensystem ganz langsam begreifen, dass Mama lebt und er begann dann erst im 4. Lebensmonat! langsam zu schlucken. Das war eine der dramatischten Reaktionen auf eine PDA, die ich erlebt habe. Ich muss allerdings dazu sagen, dass dazu noch eine ziemlich schwierige Familienkonstellation kam, die ich hier nicht weiter ausführen möchte.

## 10. Sturzgeburten

Eine zu schnelle Geburt lässt dem Kind keine Zeit sich zu orientieren und die natürliche Kompression der Schädelknochen und des gesamten Körpers, die wie eine Initialaktivierung des Organismus wirkt, wird zu schnell durchlaufen.

Fallbeispiel

Eine Mutter brachte ihren 11 Monate alten Sohn zu mir. Er war etwa von der Entwicklung und der Größe wie ein 6 Monate altes Baby – er war eine Sturzgeburt. Der Kleine hatte Schmerzen am Kopf, denn er hielt ständig seine Händchen an die Schläfen und weinte viel, er konnte kaum essen und schlief nicht durch. Das Köpfchen war völlig verformt und der Kinderarzt meinte, dass das Kind geistig zurückgeblieben sei. Nach einer sanften Ausrichtung des Keilbeines, dem Lösen der Schläfenbeine und dem Befreien der Scheitelbeine (zweimalige Behandlung), schickte ich die Mutter nach Hause, da sie aus Stuttgart kam. Sie berichtete, dass ihr Sohn eine Woche später bereits anfing zu krabbeln, dass er besser esse und nicht mehr die Hände am Kopf habe. Zwei Monate später führte ich weiter Behandlungen am Kopf durch. Danach schläft der Kleine, futtert wie ein Scheunendrescher, läuft und babbelt, sein Köpfchen hat inzwischen eine normale Form. Da sein Längenwachstum noch verzögert war, behandelte ich für die Dauer von zwei Jahren in einem halbjährigen Abstand. Inzwischen geht er in die Schule, ärgert seine Lehrer und ist ziemlich schlau.

## Nachgeburtliche *(Postpartale)* Traumata

1. Absaugen, Blutentnahme
2. Zu schnelle Untersuchung des Neugeborenen, ohne Zeit zum Bonding (Verbindung zur Mutter) zu geben
3. Trennung von Mutter und Kind aus verschiedenen Gründen heraus
4. Künstliche Beatmung des Säuglings, vor allem Überdruckbeatmung
5. Brutkasten
6. Operationen

All diese Faktoren beeinflussen sich oft auch gegenseitig und bewirken beim Neugeborenen eine Überreizung des gesamten Nervensystems, körperlichen wie psychischen Schmerz, das Gefühl von Verlassenheit, aber auch Betäubung. Für ein Kind, das solche Traumatisierungen hinter sich hat, ist es nicht möglich Bindung zu seinen Eltern aufzubauen, wenn diese im Grunde gar nicht verstehen, nicht begreifen, was wirklich geschehen ist. Wenn wir als Eltern lernen damit umzugehen, verstehen und anerkennen, welche Verletzung ein solches Kind in sich trägt, können wir ihm helfen Vertrauen aufzubauen und wieder bindungsfähig zu werden.

Aber auch bei den Mamas kann dies zu Folgeerscheinungen führen.

Eine Mutter kam verzweifelt zu mir. Sie hatte seit der Geburt ihres Sohnes Horrorvisionen das Kind betreffend. Sie hatte ständig Bilder vor Augen in denen ihr Sohn auf dramatische Weise ums Leben kam. Sie erzählte mir, dass die Herztöne ihres Sohnes kurz vor der Geburt stark nachließen und er tatsächlich zu sterben drohte. Ihr vorwiegendes Gefühl in der Situation war Hilflosigkeit. Nach der psychokinesiologischen Arbeit/Zellheilungsprozess mit dieser Situation verschwanden ihre Horrorvisionen.

Bleiben solche schlimmen Erfahrungen für das Baby unerkannt und unbehandelt, so zieht es sich in sich zurück – ist nicht da.

Manchmal habe ich bei einem so verletzten Wesen das Gefühl, als wäre die Seele des Kindes nicht angekommen. Manche wehren sich gegen Tröstungsversuche, sind extrem kontaktscheu und berührungsempfindlich.

Ein Mensch, der starke Bindungsprobleme hat, kann übermäßige Aggressionen entwickeln, und hat Schwierigkeiten im Sozialverhalten. Die Wahrscheinlichkeit gesellschaftlicher Gewalt – das haben klinische Studien bewiesen – ist umso größer, je extremer die prä- und perinatalen Traumatisierungen waren und unerkannt und unbehandelt blieben.

Die Zwillinge Jan und Jonas, heute 8 Jahre alt, leben heute bei ihren Pflegeeltern zu denen sie auch Mama und Papa sagen. Die Beiden wurden im Alter von 2 ½ Jahren gefunden als der Vater während eines Alkoholentzuges auf Besuch nach Hause kam. Die Kinder waren in ihrem Bettchen, halb verhungert und verdurstet im eigenen Dreck, festgebunden und die Mutter voller Drogen. Nach einer sofortigen Selbstanzeige kamen Jan und Jonas halbtot sofort in eine Klinik und von dort gleich zu den jetzigen Pflegeeltern. Man kann sich vorstellen, dass hier hochgradige Traumatisierungen geschehen sind, deren Auswirkungen trotz vieler Therapien und viel, viel Liebe immer noch zu spüren sind. Dennoch haben sich die Beiden, die ich nun schon lange kenne, toll entwickelt und sind auf einem guten Weg.

Was für solche Kinder zählt ist einfach Liebe, Geduld, ein unerschütterliches Vertrauen in die Persönlichkeit eines solchen Kindes (obwohl das nicht immer leicht ist!), sehr viel Struktur und immer wieder professionelle Hilfe – sowohl für die Kinder als auch für die Pflegeeltern. Es macht sich in mir jedes Mal, wenn ich mit solchen Schicksalen konfrontiert werde, eine Fassungslosigkeit breit, dass so etwas in unserem „Saubermanndeutschland" möglich ist. Ich kann so etwas natürlich auf keinen Fall gut heißen, dennoch muss man immer wieder genau hinschauen und sich mit der Geschichte der jeweiligen Eltern auseinander setzen, die wahrscheinlich ähnliches erlebt haben – sonst wären sie nicht so geworden: unglücklich, keine Perspektive, auch meist misshandelt, nicht gewünscht und nicht geliebt ... auch sie sind wiederum Opfer ihrer Traumatisierung geworden! Dann werden sie Eltern. Meist wird unser gesamtes Wesen dadurch berührt, erschüttert. Das Leben ist nie mehr so wie vorher. Oft fühlen wir uns dadurch verletzlich, tief berührt oder auch hilflos. Das ist ganz normal. Aber dieses Erfahren wirkt sich natürlich bei jedem Menschen anders aus. Bei traumatisierten Menschen kommt meist die Angst vor dem Kontrollverlust zum Tragen. Traumatisierte Menschen bekommen schnell das Gefühl neben sich zu stehen, es gibt eine völlig neue Situation mit der sie nicht wissen wie sie umgehen sollen. Das heißt auch, dass ein minimaler Stress sich auswirkt als wäre es ein maximaler Stress, dies bedeutet geringe Stresstoleranz. So kann es dann dazu kommen, dass es zu Misshandlungen wie Schütteln, Schlagen, Vernachlässigung kommt, wenn z.B. ein Baby zu viel weint.

Menschen, die eine starke Traumatisierung erlitten haben, leiden meist unter einem Kontrollverlust. Sie versuchen alles zu kontrollieren und das ist schwierig. Das Leben lässt sich nicht kontrollieren. Wenn dies nicht erkannt und ausgeheilt wird, so kann sich daraus eine rigide Persönlichkeitsstruktur entwickeln, ebenso kann hieraus eine Sucht entstehen, die den Schmerz zudecken soll. Auch Aggression oder eine schwere Depression kann sich entwickeln.

Meine ganz persönliche Meinung ist, dass sich die daraus entwickelnde persönliche Struktur ganz extrem auf die Gesellschaft auswirkt. Jeder von uns ist die Reaktion auf die Summe unserer Traumata – deshalb ist die Gesellschaft so wie sie ist. Wenn die ersten lebensprägenden Traumata geheilt sind, kann ein Mensch sich vollkommen anders entwickeln. Er ist frei und offen und kann mit den Problemen, die sich ihm stellen anders umgehen. Zwischenmenschliche Beziehungen und Bindungen bekommen eine andere Qualität.

Wenn sie dies alles lesen, haben sie vielleicht den Eindruck als könne man hier nicht viel tun und fühle sich hilflos oder schokkiert. Sicher – dies ist kein schönes Thema und oft geschehen auch schreckliche Dinge. Nur hilft es nicht, wenn wir davor die Augen verschließen und den Kopf in den Sand stecken. Es ist besser wir schauen genau hin, können Dinge erkennen und besser verstehen. Aber nicht nur das – ich möchte ihnen – vielleicht als werdende Eltern oder als besorgte Eltern eines Neugeborenen auch Möglichkeiten zeigen, was sie tun können um Traumata von vornherein vermeiden zu können, sie so gering wie möglich zu halten oder, wenn sie nicht zu verhindern sind – was dann?

## Was können Sie vorbeugend tun?

Lange Zeit war ich der Überzeugung: „Je weniger ich weiß, desto weniger belastet es mich!" Na ja – irgendwo stimmt das schon, auf der anderen Seite kann ich, wenn ich etwas weiß, auch lernen damit umzugehen. Heute sind meine Kinder erwachsen und leider habe ich damals nicht genug gewusst. Jedes meiner Kinder ist durch Kaiserschnitt auf die Welt gekommen und heute tragen sie in irgendeiner Form daran. Alle drei sind großartige Menschen geworden, dennoch könnten sie sich mit Vielem leichter tun, wenn ich damals schon „gewusst" hätte. Die Kraft, die noch im Trauma gebunden ist, könnte viel nutzbringender für das Leben verwendet werden.

*Auf Grund des heutigen Wissens um die Entstehung und Behandlungsmöglichkeiten von Trauma – mag es körperlich oder seelisch sein – haben wir eine unglaubliche Chance den Erwachsenen von morgen einen guten Start ins Leben zu ermöglichen.*

Beginnen wir einfach einmal mit der Schwangerschaft. Als erstes möchte ich das Wissen um das Bewusstsein des Ungeborenen ansprechen. Auch wenn es vielleicht eigenartig klingt – ein Ungeborenes und ein Neugeborenes haben ein volles Bewusstsein. Auch wenn Sie es nicht nachvollziehen können, versuchen sie es als solches zu akzeptieren. Es lohnt sich! Wenn Sie das Baby im Bauch vom Moment der Zeugung an ernst nehmen, werden Sie mit sich selbst, Ihrem Partner und dem Kind anders umgehen.

Der englische Psychiater und Theologe *Frank Lake* hat schon in den fünfziger und sechziger Jahren herausgefunden, dass der Beginn unseres bewussten Seins schon mit der Zeugung beginnt.

*„Der Mensch ist Mensch von Anfang an" und zwar als Leib- und Seele-Einheit. Aus dieser Tatsache muss sich die ethische Konsequenz eines absoluten Verbotes der experimentellen und verbrauchenden Forschung am lebenden menschlichen Embryo ergeben!*
(Prof. Dr. Erich Blechschmidt)

Wenn zwei Menschen sich lieben und ein Kind so entsteht, ist die Zeugung natürlich kein Trauma. Aber wie oft wird eine Frau unter ganz anderen Umständen schwanger? Und was geschieht, wenn eine Frau erkennt, dass sie schwanger ist? Die eine freut sich und das Kind ist angenommen, die andere ist verzweifelt weil die Lebensumstände es nicht erlauben, weil der Zeitpunkt nicht stimmt, weil der Erzeuger nicht der Richtige ist, vielleicht weil sie vergewaltigt wurde ... Und schon ist es passiert. Über dem winzigen „Zellhäufchen" hängt schon das Damoklesschwert „sein oder nicht sein".

Die Schwangerschaft ist eine hochsensible Zeit für alle Beteiligten. Es können bei beiden Elternteilen alte eigene Verletzungen an die Oberfläche kommen.

## Ein paar Tipps für die Zeit der Schwangerschaft:

1. Wenn Sie merken, es gibt da Themen und Probleme, die sie belasten, tun Sie etwas! Manchmal reicht es aus sich jemanden zu suchen mit dem Sie reden können, manchmal brauchen Sie auch professionelle Hilfe, manchmal ist ein gutes Familienstellen hilfreich. Meist sind es die Probleme, die Partner miteinander haben, die jeder aus seiner eigenen Familie mitgebracht hat! Also aufräumen – das ist für das kommende Kind ebenso eine große Entlastung wie für die Eltern.

2. Vermeiden Sie unnötige Untersuchungen, wie z.B. Ultraschall bei jeder Kontrolle. Amniozentese, wenn nicht wirklich indiziert.
3. Bitten Sie den Gynäkologen, erst einmal Kontakt zu dem ungeborenen Kind in Ihrem Bauch aufzunehmen, bevor er Sie vaginal untersucht. Suchen Sie sich einen verständnisvollen Arzt.
4. Erzählen Sie dem Winzling in ihrem Bauch was auf ihn zukommt – Untersuchung, Ultraschall etc. reden Sie mit ihrem Baby!
5. Behandeln Sie das Ungeborene ab dem Moment, wo Sie wissen, dass Sie schwanger sind als vollwertiges Wesen.
6. Sollten Sie eine Entscheidung gegen ein Kind treffen, machen Sie sich der Konsequenzen bewusst! Es geht hier nicht um Schuld, sondern um Verantwortung. Eine Abtreibung hat immer Konsequenzen. Aus der systemischen Arbeit weiß man, dass das in irgendeiner Form immer auf Kosten der Qualität einer Beziehung geht oder Sie zerstört. Außerdem kenne ich keine Frau, die davon nicht irgendeinen Knacks abbekommen hat. Schwangerschaft fängt man sich nicht ein wie eine Grippe – Sie haben im vollen Bewusstsein ihrer Sinne mit einem Mann geschlafen. Das heißt, dass Sie für die Folgen verantwortlich sind. Etwas anderes ist es bei einer Vergewaltigung. All das hat nichts mit Moral zu tun, sondern mit einem bewussten Umgehen mit Sexualität und ihren Folgen. Suchen Sie sich jemanden, mit dem Sie reden können. Wenn Sie sich dann doch für das Kind entscheiden, so reden Sie mit ihm und beginnen Sie eine Beziehung aufzubauen. Erklären sie ihm Ihre Nöte, aber teilen Sie ihm mit, dass Sie die Verantwortung alleine tragen können und dass Sie jetzt **ja** zu ihm sagen und tun Sie es dann auch!
7. Versuchen Sie unnötige Streitereien in der Familie zu vermeiden. Wenn es zu Auseinandersetzungen kommt, erklären Sie dem Baby in Ihrem Bauch, dass Erwachsene

manchmal Probleme miteinander haben, die sie aber auch selber lösen können. Dies ist wichtig! Wir haben in vielen psychokinesiologischen Sitzungen erlebt, dass Kinder schon im Mutterleib Verantwortung für die Probleme der Mütter oder Eltern übernehmen. Dies gilt übrigens auch für Säuglinge, Kleinkinder, Kinder bis sie erwachsen sind. Es geht hier nicht darum „Friede-Freude-Eierkuchen" zu leben und den Kindern etwas vorzumachen, denn sie *spüren* meist schon vor den Erwachsenen, wenn etwas nicht stimmt. Es geht auch hier um Klarheit und um ein wenig Selbstdisziplin, übrigens eine schöne Möglichkeit selbst ein wenig bewusster und erwachsener zu werden. Meine größten Lehrer waren und sind meine Kinder!

8. Suchen Sie sich nette Freizeitbeschäftigungen, vor allem meiden Sie das Konsumieren von brutalen Krimis, das Schauen von Nachrichten, die für ihre Psyche meist nicht förderlich sind. Wenn Sie sich informieren wollen, **hören** Sie einmal am Tag Nachrichten – das reicht! Vermeiden Sie die blutigen Tagblättchen, auch dort findet man fast ausschließlich negative Informationen. Überprüfen sie ihre Gewohnheiten diesbezüglich!

9. Sprechen Sie viel mit ihrem Kind, singen Sie, hören Sie schöne Musik mit ihm, sorgen Sie dafür, dass Sie viel lachen können, sprechen Sie ihm Kinderreime vor. An Hand des Verhaltens von Frühgeborenen weiß man, dass sie besonders gut auf Musik reagieren. Sie nehmen schneller zu, beruhigen sich wesentlich schneller und die Sauerstoffaufnahme verbessert sich erheblich, z.B. wenn der Gesang einer weiblichen Stimme im Mutterleib simuliert wird. Sie haben dadurch auch Möglichkeiten Ihr Kind zu beruhigen, wenn es geboren ist. Außerdem entwickeln sich Babys während der Schwangerschaft besser, wenn sie schon die entsprechende liebevolle Zuwendung bekommen. Ebenso lernt Ihr Kind so schon Geräusche zu unterscheiden.

10. Spielen Sie mit ihrem Kind sobald Sie es spüren. Sie werden sehen, wie schnell Ihr Baby reagiert, wenn Sie auf sein Strampeln eingehen und es durch die Bauchdecke berühren.

## Was können Sie während der Geburt tun?

1. Wenn Sie schon im Vorfeld wissen, dass es ein Kaiserschnitt wird, dann bereiten Sie sich zusammen mit Ihrem Kind darauf vor. Erklären Sie ihm was auf Sie beide zukommt und machen Sie ihm Mut, dass Sie beide es schon schaffen. Sagen Sie ihm, dass es keine andere Möglichkeit gibt auf die Welt zu kommen. Fangen Sie es nach der Geburt gut auf, evtl. der Vater, loben sie es und trösten sie ihr Kind. Für die Mütter ist es von großer Bedeutung, dass die Schnittstelle vorher mit Lokalanästhetika vorgespritzt wird. Somit wird eine Traumatisierung der Mutter auf ein Minimum reduziert. Verlangen sie das vom Anästhesisten! Das gilt übrigens für alle OPs! Es gibt inzwischen bereits Narkoseärzte, die das sogar anbieten. Wenn die Schnittstelle örtlich betäubt wird, so ist die Schmerzweiterleitung unterbrochen und der Übererregung des Nervensystems vorgebeugt. Bei einer Vollnarkose ohne diese Maßnahme wird der Schmerz ganz normal weitergeleitet, vom Bewusstsein nicht wahrgenommen, jedoch im Unterbewussten gespeichert. Das kann zu posttraumatischen Reaktionen führen. Bei Notkaiserschnitten ist natürlich für diese vorbeugende Maßnahme keine Zeit.

2. Bei einer periduralen Anästhesie erklären Sie Ihrem Baby wieder was passiert, helfen Sie ihrem Kind mit Ihrer Stimme oder der Stimme des Vaters und Ihren oder den Händen des Vaters den Kontakt und die Orientierung während der Geburt zu halten. Und wieder loben sie das Neugeborene und sagen Sie ihm, dass alles in Ordnung ist. Verlangen Sie,

dass Sie das Baby sofort – außer es ist lebensnotwendig – zuerst auf den Bauch gelegt bekommen.

3. Bei jeder Geburt sollte ein guter begleitender Kontakt zum Kind gehalten werden. Weil man das von der Mama oft gar nicht verlangen kann, könnte dies der Vater tun oder eine Begleitperson, die ohnehin einen guten Kontakt zu Mutter und Kind hat.

## Was können Sie nach der Geburt tun?

1. Die Verbindung zwischen Mutter und Kind, das sogenannte Bonding, spielt eine große Rolle für die Beziehung zwischen Mutter und Kind und generell für die spätere Beziehungsfähigkeit. Wenn nur irgend möglich, bestehen Sie darauf ihr Kind sofort auf den Bauch gelegt zu bekommen. Bei den meisten Kindern kann alles andere immer noch warten. Fordern Sie diese Zeit – für die in vielen Kliniken keine Zeit ist! Man kann ein Kind weitgehend auch auf dem Bauch der Mutter untersuchen.

2. Wenn ein Menschlein von Anfang an lernt, dass es das bekommt, was es braucht, nämlich Liebe, Wärme, Nahrung und Geborgenheit, dann wird es sich später im Leben leichter tun sich abzunabeln und sein eigenes Leben zu leben. Lernen Sie die Sprache ihres Kindes zu verstehen – ein Baby schreit nie, weil es Sie ärgern will.

3. Eine zu schnelle Geburt (Sturzgeburt) lässt dem Kind keine Zeit sich zu orientieren und die natürliche Kompression der Schädelknochen und des gesamten Körpers, die wie eine Initialaktivierung des Organismus wirkt, findet nicht statt.

## Was können Sie tun, wenn das Baby da ist und der neue Alltag beginnt?

Wenn Sie merken, dass Sie selbst gerade an der Grenze zur Überforderung stehen, dann ist es wichtig inne zu halten. Nehmen Sie sich die Zeit um herauszufinden, wie es Ihnen selbst gerade geht. Atmen Sie tief durch, werden Sie langsam. Es ist immer die eigene Angst oder Betroffenheit, die sich da meldet. Spüren Sie Ihren Körper. Atmen sie solange ruhig und gleichmäßig, bis Sie es bis in die Beine und Füße spüren. Nehmen Sie den Kontakt Ihrer Füße zum Boden wahr. Machen Sie sich bewusst, dass dies eine kostbare Zeit ist, die es sich lohnt zu nehmen! Denn so können Sie die Situation aus einer neuen Perspektive heraus sehen. Es ist eine Zeit, die für die Beziehung zwischen Ihnen und Ihrem Kind unbezahlbar ist. Sie verbessern damit die eigene Wahrnehmung und können im Umgang mit Ihrem Kind viel präsenter und bewusster sein. Sich selbst anzunehmen, für das was geschehen ist, hilft ihnen Ihr Kind in seinen Bedürfnissen besser wahrzunehmen. Machen Sie sich immer bewusst, dass Ihr Kind auf alle Ihre Emotionen sensibel reagiert. Denken Sie nie, dass Ihr Kind das nicht wahrnimmt, egal wie klein der Zwerg ist! Es ist Ihre Ruhe, die Ihrem Kind dabei hilft nach einer traumatischen Erfahrung, wieder loszulassen und dem überreizten Nervensystem wieder in eine Balance zu finden. Oft wissen wir nicht wie das individuelle Erleben des Babys war und was genau es war. Es zeigt uns nur anhand seiner Reaktionen, dass da etwas war, z.B. weil es zu viel weint und schreit, oder weil es am Anfang gar nicht richtig aufwachen oder schlafen will, weil es vielleicht körperlich schief ist oder eine Schädelasymmetrie hat etc.

Ich erlebe das oft in der Praxis. Wenn Mamas voller Sorge und Angst zu mir kommen und nicht sicher sind, was da mit ihrem Kind los ist, weil es z.B. stundenlang schreit, dann sind sie vollkommen überrascht, dass das Baby bei mir ruhig ist, ja sogar entspannt. Der einzige Grund dafür ist, dass ich ruhig bin. Da geht es dann in erster Linie darum Verständnis zu schaffen für das was das Baby zeigt und mit Mama oder Papa zu arbeiten, damit sie sich wieder sicher fühlen. Das geht meist sehr schnell und sie fangen an wieder ihrer eigenen Intuition zu vertrauen, weil sie beginnen sich selbst besser zu verstehen. Und – oh Wunder – die Babys entspannen sich.

Holen Sie sich Hilfe, wenn Sie das Gefühl haben, dass Sie nicht weiterkommen! Es ist keine Schande!

# Schlafen

## Allgemeines über den Schlaf

Schlaf ist nicht einfach Schlaf. Schlaf ist der Gegenpol zur Aktivität des Tages. Schlaf ist ein äußerst wichtiger Prozess in unserem täglichen Rhythmus. Der Wechsel von Aktivität und Erholung und ein ausgeglichener Wechsel zwischen diesen beiden Zuständen sind für Kinder deshalb so wichtig, weil in diesem frühen Stadium ihres Lebens die Grundlage für ihr späteres gesundheitliches Wohlbefinden gelegt wird. Es ist daher notwendig, die Thematik Schlaf und vor allem das Schlafverhalten unserer Kinder genauer zu beleuchten. Wenn wir diesen komplizierten Prozess besser verstehen, können wir unsere Kinder ohne Anspannung und mit Liebe in einen gesunden Schlaf begleiten.

## Der Rhythmus

Schlaf ist ein hochkomplexer, aktiver sich ändernder Prozess. In vielen Funktionen spiegelt sich dieser körpereigene „Ruhe-Aktivitäts-Rhythmus" wieder. In der Zeit zwischen 3 und 4 Uhr morgens sind sämtliche Leistungsfunktionen in einem „Tief", auch die Körpertemperatur ist zu dieser Zeit am niedrigsten. Unsere Wahrnehmung ist verzerrt, das Zeitempfinden verschiebt sich, es können sogar körperliche Missempfindungen auftreten. Genau gegenteilig laufen in dieser Zeit Hormonausschüttung und Verdauung. Möglicherweise ist dies eine der Funktionen des Schlafes. Er überbrückt die Zeit, die für die Interaktion mit der Umwelt nicht effektiv ist. So hat sich der

Organismus über die innere Uhr an die äußeren Bedingungen angepasst. Der Zeitraum für den Schlaf ist die Zeit der Dunkelheit, Kälte, Einförmigkeit. So schafft der Körper die hierfür nötigen Reaktionen wie geringe Leistungsfähigkeit, Kreislaufstabilität und Müdigkeit. Diese Zeit brauchen wir um uns zurückzuziehen und sie für Erholung und Regeneration zu nutzen (*Zulley*, 2010).

All dies wird durch einen biologischen Rhythmus von etwa 24 Stunden verursacht – dem sogenannten circadianen Rhythmus. Fast alle Funktionen werden davon beeinflusst wie:

▷ Leistungsfähigkeit

▷ Stimmung

▷ Körperkraft

▷ Schmerzempfinden

▷ Schlaf → *Erholung?*

▷ Hormonproduktion

Ein weiteres „Tief" gibt es in der Zeit von 13 bis 14 Uhr, das manchmal sogar bis 16 Uhr dauern kann. Die Körperkerntemperatur sinkt etwa um 1,5 Grad Celsius, genau wie nachts. Wir werden dann müde und empfindlich. Es ist ratsam sich tatsächlich 20 bis 30 Minuten hinzulegen und einen Kurzschlaf zu machen oder ein wenig vor sich hinzudösen – neudeutsch „Powernapping". Eine griechische Studie belegt, dass bei den Teilnehmern der Studie, die mittags ca. 20 Minuten ruhten nach fünf Jahren im Schnitt bei 37% weniger Herzinfarkte auftraten als bei der Probandengruppe, die das Mittagstief ignorierten.

Ich selbst habe das extrem erlebt als mein jüngster Sohn am Anfang seines Lebens sehr krank war und ich an ständigem Schlafmangel litt. Meine zwei älteren Kinder waren ja auch noch da und haben mich gebraucht. So habe ich damit begonnen nach dem Mittagessen einen „Powernap" einzulegen. Das war wirklich lebensrettend! Diese 20 Minuten habe ich bis heute beibehalten. Meist gelingt das sehr gut – egal ob ich in der Praxis oder zuhause bin, ein Seminar halte oder selbst Teilnehmerin bin. Ich fühle mich danach frisch und wieder leistungsfähig. Das absolute „Hoch" der Leistungsfunktionen ist vormittags zwischen 10 und 11 Uhr und nachmittags zwischen 17 und 18 Uhr.

Das allgemeine Schmerzempfinden ist am Nachmittag etwa um ein Drittel niedriger als am Vormittag. Die Wirksamkeit von Medikamenten ist tageszeitabhängig. Schmerzmittel erreichen abends eine höhere Effektivität. In der Chemotherapie z.B. ist die „maximal tolerable Dosis" viermal so hoch, wenn sie zur richtigen Tageszeit angesetzt wird. Das bedeutet eine größere Effizienz einer Behandlung.

Diese Rhythmik sorgt auch dafür, dass die Geburtenrate gegen den frühen Morgen ein Maximum aufweist (*Lemmer*, 2004).

Der menschliche Organismus wird von weiteren rhythmischen Veränderungen beeinflusst. Faktoren, wie subjektive Wachheit und Leistungsfähigkeit, die orthostatische Kreislaufregulation und die Körpertemperatur wirken sich auf das Schlaf-Wach-Verhalten aus. Etwa um die Mittagszeit zeigen diese Funktionen ein „Tief", daraus ergibt sich ein 12 Stunden-Rhythmus. Es gibt aber auch Veränderungen im 4 Stunden-Rhythmus. Eine willkürliche Veränderung ist nicht möglich, da diese Abläufe biologisch verankert sind.

Die sogenannte *Chronobiologie* befasst sich streng wissenschaftlich mit der Beeinflussbarkeit und den Grundlagen biologischer Rhythmen. Das Wissen darüber ist hilfreich bei Abweichungen und Störungen dieser Rhythmen sowie deren Behandlung.

Schlafen und Wachen verlaufen, wie alle anderen Funktionen, auch ohne Kenntnis der Uhrzeit sehr regelmäßig. In Isolationsexperimenten wich der Rhythmus im Mittel um ca. eine Stunde von 24 auf 25 Stunden ab – der *circadiane* Rhythmus. Während dieser Experimente lebten die „Versuchspersonen" abgeschirmt von der Außenwelt, ohne Kenntnis der Uhrzeit und behielten dennoch ihren Schlaf-Wach-Rhythmus bei. Es stellte sich dabei heraus, dass das Tageslicht unser wichtigster Zeitgeber ist. Die Helligkeit des Lichtes muss 2.500 Lux betragen, dabei spielt das Spektrum keine maßgebliche Rolle. Ein heller Sonnentag hat ca. 1.000.000 Lux! Unsere normale Raumbeleuchtung zwischen 300 und 600 Lux. Biologische Rhythmen werden auf molekularer Ebene erzeugt, können aber auch durch Außenreize beeinflusst werden (*Zulley & Knab*, 2009).

## Das Licht und die Hormone

Wir Menschen haben uns im Laufe unserer Entwicklung immer mehr vom „natürlichen" Schlaf-Wach-Rhythmus entfernt. Wir stehen heute nicht mehr mit dem ersten Sonnenstrahl auf und gehen mit den Hühnern ins Bett. Wir haben uns sozusagen von dem von der Natur vorgegebenen Rhythmus entfernt. Leben wir deshalb wirklich gesünder? Etwa 80% aller Deutschen arbeiten in geschlossenen Räumen, die fast ausnahmslos mit Beleuchtungsstärken von 600 Lux erleuchtet sind. Um wirklich aufzuwachen, sich vital zu fühlen und vor allem leistungsfähig zu sein, brauchen wir jedoch mindestens 2.500 Lux. Es ist inzwischen bekannt, dass wenig Licht bzw. Dunkelheit auf unsere Stimmung drückt. Die geistige Leistung ist vermindert, der Schlaf-Wachrhythmus kommt aus seinem Gefüge. Lichtmangel führt zu einem Missverhältnis im Bereich der Hormonausschüttung. Der „gute-Laune" Botenstoff Serotonin wird reduziert und es entsteht ein morgendliches „Zuviel" an dem

„Dunkelheitshormon" Melatonin. Abends bekommt unser Gehirn durch zuviel helles Licht einen Schub in Richtung „wach". Wenn das Gehirn tagsüber schon viel leisten musste – im Gegensatz zum Körper – wird es mit viel zu viel Information überflutet. In der Folge führt dies zu Schlafstörungen. Wundert es uns da noch, dass die Zahl der psychischen Erkrankungen zunimmt? Es ist für die Gesundheit des Einzelnen von Vorteil, den natürlichen Rhythmus im Alltagsleben zu respektieren. Die Statistiken sind erschreckend und zeigen wie groß der Einfluss von Licht auf unsere Gesundheit ist und wie wenig Rücksicht darauf genommen wird, weil wir nicht genügend darüber wissen. Die Faktoren Licht und Dunkelheit und die Missachtung von Tagestiefs sind nur wenige von vielen anderen Dingen, die die Menschen in der heutigen Gesellschaft krank machen.

Zum Beispiel wirken sich andauernde Nacht- und Schichtdienste negativ auf das Schlafverhalten aus, wenn nicht entsprechende Ausgleichspausen geschaffen werden, in denen der Hell-Dunkel-Rhythmus wieder hergestellt werden kann. Nachdem eine Dysbalance im Schlaf-Wach-Rhythmus eine Veränderung in unserem Hormonhaushalt bewirkt, bekommen wir mit großer Wahrscheinlichkeit auch ein Problem mit unserem Essverhalten.

So führt ein Serotoninmangel zu einem stärkeren Verlangen nach Süßigkeiten. Schokolade enthält die Aminosäure L-Tryptophan, eine Vorstufe des Serotonins. L-Tryptophan wird durch Insulin, das durch den Zucker, der ebenfalls in der Schokolade ist, aus der Bauchspeicheldrüse freigesetzt wird, in unser Gehirn geschleust und erhöht so den Serotoninspiegel.

Den Rhythmus zwischen Tag und Nacht einzuhalten ist deshalb so wichtig, da dies die Zeit der Hormone ist! Das Testosteron und das schilddrüsenstimulierende Hormon (TSH) haben ihren

Höchststand bei Nacht. Gegen Abend stimmen uns das vegetative Nervensystem zusammen mit dem Tagesrhythmus und dem Spiegel verschiedener Hormone auf den Schlaf ein. Das Hauptstimulans für die hormonelle Umstimmung vom Tag auf die Nacht ist die Dunkelheit. Aber auch Bewegung, Geräusche und Nahrung und unser soziales Umfeld haben einen Einfluss darauf. Puls und Atmung werden im Schlaf maßgeblich verändert. So schwingt sich dieses Verhältnis auf etwa 4:1 ein – also vier Pulsschläge auf einen Atemzug. Gerät dies durch Krankheit oder andere Störungen aus dem Gleichgewicht, so wirkt sich das negativ auf den Organismus aus.

Ein kleiner Tipp: wenn wir etwas dazu tun wollen um besser einzuschlafen, dann sollten wir schon vor dem Einschlafen das Licht dämpfen, ebenso laute Geräusche und aufregende Aktivitäten, z.B. Fernsehen oder unangenehme Familiendiskussionen etc. sowohl körperlich wie auch geistig meiden. Wenn es anfängt dunkel zu werden schüttet die Zirbeldrüse Melatonin aus. Dieses Hormon lässt uns kontinuierlich müde werden. Dieser Prozess nimmt bis zur ersten Nachthälfte zu. In dieser regenerativen Zeit hat die Muskulatur die Möglichkeit sich zu entspannen. Der Blutdruck sinkt. Der Höhepunkt der Melatoninausschüttung ist zwischen 2 und 4 Uhr nachts. An sehr dunklen Tagen wird ebenso Melatonin ausgeschüttet, zwar nur wenig, dennoch macht es spürbar müde.

Der sogenannte Gegenspieler des Melatonins ist das Cortisol, auch als Stresshormon bekannt. Es wirkt entzündungshemmend und wird auch medikamentös in der Behandlung z.B. von Asthma, Psoriasis, entzündlichen Gelenkerkrankungen etc. eingesetzt. Wenn die Körpertemperatur am niedrigsten ist – gegen 3 oder 4 Uhr morgens – beginnt das Cortisol langsam anzusteigen. Am frühen Morgen ist die Konzentration am höchsten – dann heißt es aufstehen! Neben Cortisol wirkt auch noch das

Adrenocorticotrope Hormon (ACTH) als Weckhormon. Dies wiederum ist ein Hormon der Hirnanhangsdrüse. Die moderne Schlafforschung entdeckt ständig neue Hormone, die am Schlaf-Wach-Rhythmus beteiligt sind. Hier nur einige: neben Melatonin und Cortisol sind es auch noch Serotonin, Histamin, Noradrenalin, Adenosin, Hypocretin und einige mehr. Die einen bereiten uns auf den Schlaf vor, einige vertiefen ihn und andere wecken uns auf.

Cortisol wird morgens in größeren Mengen ausgeschüttet, da es unser Gehirn mit Blutzucker versorgt. Das ist notwendig, weil wir nachts über längere Zeit nichts gegessen haben. Gerade morgens brauchen wir aber viel Traubenzucker im Gehirn. Außerdem ist Cortisol ein Stimmungsaufheller und wirkt aktivierend. Neben Noradrenalin ist es unser wichtigstes Stresshormon. Nachts zwischen 2 und 4 Uhr erreicht es seinen Tiefpunkt. Wenn wir nachts aufwachen und wir uns ärgern, dass wir nicht so schnell wieder einschlafen, kann es vorkommen, dass sich unsere Gedanken anfangen zu drehen. Da stellt sich dann häufig schlechte Laune ein und hindert uns am Einschlafen. Da fehlt uns das stimmungsaufhellende Cortisol. Das kann schnell zu einer negativen Spirale werden, die sich verselbständigt, manchmal soweit, dass wir mit Herzklopfen im Bett liegen. Negative Gedanken verstärken sich und wir schütten noch mehr Cortisol und Adrenalin aus.

Wäre es da nicht gut, sich einmal mit der Dynamik des Schlafens auseinander zu setzen, den eigenen Lebensrhythmus anzusehen und ihn vielleicht sogar zu verändern? Wenn wir selbst einen verkorksten Schlaf haben, wie können wir dann erwarten, dass unsere Kinder entspannt schlafen? Etwa 85% der Eltern meiner kleinen Patienten haben schlechte Schlafgewohnheiten, ebenso viele meiner erwachsenen Patienten. Es lohnt sich die eigenen Gewohnheiten einmal zu überprüfen! Wie ist denn Ihr Schlaf?

Haben Sie schon einmal ganz bewusst Ihr eigenes Schlafverhalten angeschaut? Wenn nicht, dann jetzt! Es ist für Sie selbst und für Ihr Kind eine wunderbare Gelegenheit, eine Chance dies grundlegend und zu Ihrem Vorteil zu verändern. Die meisten von uns haben es nicht besser gelernt, also geht man halt so gut man kann damit um. Aber ich glaube, wenn wir es besser **wissen** haben wir eine tolle Gelegenheit etwas so Grundlegendes für unsere Gesundheit und die unserer Kinder zu tun.

## Nahrungsaufnahme und Verdauung

Wieder spielen Hormone eine Rolle, wenn wir an die Regulation von Hunger und Körpergewicht denken. Der Schlaf hat über die Botenstoffe Leptin, Ghrelin und Insulin einen regulierenden Einfluss. Leptin senkt unser Essbedürfnis, es wird in den Fettzellen gebildet und sorgt dafür, dass wir keinen Appetit haben, weil unsere Fettzellen „zufrieden" sind. Durch gestörten Schlaf kann es zu einer Störung des Leptinstoffwechsels kommen. Wenn wir zuwenig schlafen und nachts wach sind, sinkt der Leptinspiegel und wir bekommen Hunger, obwohl unsere Energiespeicher voll sind. So kommt es zu nächtlichen Essanfällen. Bei übergewichtigen Menschen kommt es zu einem Missverständnis zwischen Fettzellen und Leptin. Die Zellen reagieren nicht mehr auf das Leptin und obwohl jede Menge an Leptin vorhanden ist, besteht ein fast ständiges Hungergefühl.

Der Kontrahent Ghrelin macht Appetit. Im Schlaf ist der Pegel niedrig. Sind wir nachts häufig wach, steigt der Ghrelinspiegel und wir bekommen Hunger, vor allem auf Kohlenhydrate. Das bewirkt einen Anstieg von Insulin aus der Bauchspeicheldrüse. Ein erhöhter Insulinspiegel schleust Zucker, Eiweiß und Fett in die Zellen. Ohne Insulin ist das nicht möglich. So bekommen die Körperzellen Kalorien, obwohl sie diese gar nicht brauchen.

Da Menschen mit Schlafstörungen oft einen zu hohen Insulinspiegel haben, neigen sie eher zu Diabetes. Ein guter Schlaf wirkt vorbeugend!

Ein wichtiges „nachtaktives" Hormon ist auch das Prolaktin. Es ist während der gesamten Ruhezeit in der Nacht erhöht, nicht nur in der Tiefschlafphase. Allerdings fällt der Prolaktinspiegel sofort ab, sobald unser Schlaf auch nur im Geringsten gestört wird. Das bedeutet, dass die Qualität der Erholung sofort verschlechtert wird. Der Körper versucht dann tagsüber diesen Schlafmangel durch zusätzliche Prolaktinausschüttungen zu kompensieren. Das wiederum sorgt zusammen mit anderen Faktoren für eine vermehrte Fetteinlagerung, eine gestörte Glukosetoleranz und einen Anstieg von Insulin. Im Sommer schütten wir mehr Prolaktin als im Winter aus.

Man geht davon aus, dass es bei sehr vielen Menschen, die an einer echten Schlafstörung leiden, zu einer Fehlregulation von Appetit und Körpergewicht kommt. Dies ist zu sehen bei Ein- und Durchschlafstörungen, als auch bei schlafbezogenen Atmungsstörungen wie Schnarchen und Schlafapnoe.

Das durchschnittliche Körpergewicht der Bevölkerung nimmt extrem zu, vor allem bei Kindern. Ein Grund dafür ist neben anderen Faktoren zumeist ein gestörtes Schlafverhalten.

In unserer überzivilisierten Welt haben wir uns weit von natürlichen Rhythmen entfernt. Wir beachten zu wenig die Abläufe und Taktgeber der Natur. Tag und Nacht, Mondrhythmus und Zeitabläufe während des Jahres haben für uns nicht mehr die Bedeutung, die sie für frühere Generationen hatten. Wir achten zu wenig auf die Auswirkungen, die sie für unsere Gesundheit und auf unsere Stoffwechselvorgänge haben. Wir „zivilisierten" Menschen möchten gerne „biopsychophysiologisch" gesund sein. Dazu gehört es jedoch, immer wieder seinen eigenen Lebensstil zu überprüfen um unseren Organismus in einen gesunden Lebensrhythmus zurück zu bringen!

## Schlaf und Babys

Das Thema Schlaf nimmt in meiner Praxis einen großen Raum ein. Viele Mütter kommen völlig verzweifelt in die Sprechstunde, sind übermüdet, erschöpft, ausgelaugt, weil die Babys oder Kleinkinder nicht „richtig" schlafen. Die meisten Erwachsenen meinen, dass ein Baby schon einen Schlafrhythmus haben müsste, der am besten auch noch den eigenen Bedürfnissen nahe kommt.

Dieses Thema verdient, genauer betrachtet zu werden. Natürlich ist es am Anfang oft anstrengend, Kinder zum Einschlafen zu bringen. Aber wenn ich verstehen kann, was bei meinem Kind abläuft, bin ich entspannter und kann mit der Situation besser umgehen.

Der Schlaf eines Neugeborenen hat seinen eigenen Rhythmus. Erst im Laufe der ersten Jahre fängt er an, sich an den Schlafzyklus der Erwachsenen anzupassen. Der Schlaf-Wach-Rhythmus wird vom Gehirn gesteuert. Am Anfang des Lebens sind viele kurze Schlaf-Wach-Phasen normal. Je geborgener das Umfeld, umso größer ist das Vertrauen des Kindes sich auf den Schlaf einzulassen. Es beginnt damit, dass das Neugeborene lernen muss, zwischen Tag und Nacht zu unterscheiden. Im Mutterleib hat es das ganz anders erlebt. Die Gewöhnung an das „neue" Tageslicht sorgt dafür, dass das Kind sich relativ schnell an die neuen Umstände anpassen kann. Babys schlafen anders. Im Bauch der Mutter sind die Delta-Gehirnwellen (Tiefschlaf des Erwachsenen) und der REM-Schlaf (REM = rapid eye movements) vorwiegend. Dann kommt das Kind plötzlich in einen völlig anderen Lebensraum. Aus einem gleichmäßig warmen, geschützten, flüssigen Milieu in die ungeschützte Außenwelt. Der Weg von der einen Welt in die andere ist schon schwierig genug, danach muss das Gehirn des Neugeborenen auch noch zu Höchstleistungen auflaufen, da sich gerade in den ersten Lebensmonaten nicht nur in Bezug auf die Schlafregulation viel verändert.

Die Nahrungsaufnahme und der Wechsel zwischen Schlafen und Wachsein bestimmen in den ersten Wochen das Leben des Kindes. Babys schlafen bis etwa zum 6. Lebensmonat im Durchschnitt pro Tag zwischen 16 und 18 Stunden in ungefähr 4 bis 5 Schlafperioden. Meist entwickelt sich erst dann ein länger zusammenhängender Nachtschlaf von etwa 6 Stunden. Bei Stillkindern beobachtet man oft noch längere Unterbrechungen. Dennoch ist die Schlafentwicklung sehr individuell und noch von vielen anderen Faktoren abhängig. Deshalb möchte ich zuerst einmal erklären, wie Schlaf beim gesunden Baby überhaupt abläuft.

## Die Physiologie des Schlafes

Der Schlaf des Säuglings ist noch einmal ein wenig anders als beim Erwachsenen. Man muss verstehen wie der Schlaf sich beim „gesunden" Baby entwickelt, dann kann man nachvollziehen, warum z.B. ein Baby mit einem prä- oder perinatalen Trauma wieder ein anderes Schlafverhalten hat und wie man damit umgehen kann.

Betrachten wir einmal die verschiedenen **Schlafphasen**:

▷ *REM-Schlaf* (Rapid-Eye-Movement), das ist der sogenannte Traumschlaf. Er ist gekennzeichnet durch schnelle Augenbewegungen und durch eine Atonie (Erschlaffen d. Muskulatur) der Haltemuskulatur. Hier geschehen die Verarbeitung der Sinneseindrücke und eine Vernetzung der Nervenzellen. Man nennt dies auch den „Gehirnentwicklungsschlaf".

▷ *Übergangsschlaf,* hier werden die Gehirnwellen langsamer und der Schlaf geht in den Tiefschlaf über.

▷ *Non-REM-Schlaf* = Tiefschlaf Stufen 1 bis 4. In dieser Schlafphase findet körperliche Erholung, Wachstum und eine Stimulation des Immunsystems statt.

Neuere Untersuchungen zeigen, dass während des Schlafens Prozesse der Gedächtnisbildung aktiviert werden.

Das Ungeborene ist fast zu 100% im REM-Schlaf.

Das Neugeborene ist zu 45-50 % REM-Schlaf
                        zu 10-15% im Übergangsschlaf
                        zu 35-45% im Non-REM-Schlaf Stufen 1/2

Ab dem 3. Lebensmonat gibt es eine langsame Zunahme des Non-REM-Schlafes und eine Vertiefung des Non-REM-Schlafes in Stufe 3 und 4.

Beim Säugling unterscheidet man zwischen dem ruhigen Schlaf, der etwa dem Tiefschlaf des Erwachsenen entspricht und dem aktiven Schlaf, beim Baby eine noch etwas unreife Form des REM-Schlafes. Beim Erwachsenen dauern diese Zyklen ca. 90 Minuten, beim Kind sind es etwa 45 bis 60 Minuten.

Kinder durchlaufen jedoch mehr Zyklen über den Gesamtschlaf verteilt. Zwischen den einzelnen Phasen gibt es eine kurze Zeit des Erwachens. Dies ist physiologisch bedingt. In einem frühen Entwicklungsstadium des zentralen Nervensystems sind häufige Schlaf-Wach-Übergänge ein Ausdruck der Unreife. Längere Phasen in einem aufmerksamen Wachzustand können noch nicht gehalten werden.

Die Herzfrequenz, die Körpertemperatur und die Melatoninausschüttung bilden sich bereits nach der Geburt aus und erlangen im ersten Lebensjahr an Bedeutung. Man nennt das circadiane Rhythmen. Der sogenannte homöostatische Prozess steht für das Schlafbedürfnis, das während des Wachseins zunimmt. Wenn diese beiden Faktoren gegenläufig am Maximum bzw. Minimum angelangt sind, d.h. wenn die circadianen Rhythmen das Minimum und der homöostatische Prozess das Maximum erreicht, kommt es zum Einschlafen. Beim Aufwachen ist es genau umgekehrt. Aber erst wenn diese Rhythmen voll entwickelt sind, werden die Aufwachphasen weniger.

Die **Verteilung** der Schlafphasen verändert sich.
- ▷ Höher entwickelte Lebewesen haben einen höheren Anteil von REM-Schlaf
- ▷ Ältere Kinder und Erwachsene haben etwa 4 Stadien des Tiefschlafs
- ▷ Babys bis zum ersten Vierteljahr erreichen nur Stadium 1 und 2 des Tiefschlafs
- ▷ Danach gibt es eine unterschiedlich individuelle Entwicklung der Tiefschlafphasen 3 und 4
- ▷ Das Aufwachen erfolgt zumeist am Ende der REM-Phase

Die **Menge** des Schlafes nimmt innerhalb des ersten Lebensjahres ein wenig ab. Es gibt eine längere Nachtschlafphase und ein bis zwei Tagschlafphasen. Unter normalen Umständen ist es möglich, dass ein Kind bis zum vollendeten ersten Lebensjahr durchschlafen kann.

Die Schlafdauer eines Kindes verändert sich natürlich mit zunehmendem Alter:

- ▷ bis zu 3 Monaten     14 - 16 Stunden
- ▷ bis zu 9 Monaten     13 - 14 Stunden
- ▷ bis 2 Jahre           12 - 13 Stunden
- ▷ bis 3 Jahre           11 - 12 Stunden

Das sind nur Anhaltswerte innerhalb derer es eine große Variabilität gibt. Wichtig ist es immer den Zustand eines Kindes zu beachten. Wie wirkt es? Ist es ausgeglichen, stabil, was hat es für eine Geschichte, was geschieht im direkten Umfeld in der Familie? Ist es gesund?

Neben der Schlafdauer verändert sich auch die **Zusammensetzung** des Schlafes. Das Neugeborene hat noch einen REM-Anteil von ca. 60%, der sich bis zum Alter von 6 Monaten bis auf 25% reduziert. Das entspricht fast dem Anteil eines Erwachsenen! Es ist bekannt, dass der REM-Schlaf für die frühe neuronale Entwicklung extrem wichtig ist und außerdem als ein Zeichen für die Plastizität des Gehirnes gesehen werden kann.

Der ruhige Schlaf ist in der Säuglingszeit sehr wichtig. Ihm wird die Reifung der Verbindungsbahnen innerhalb des Cortex, sowie den Bahnen zwischen Cortex und Thalamus zugeschrieben. Hier werden die Eindrücke der vorrausgegangen Erlebnisse im Wachzustand verarbeitet und gespeichert (*Heraghty et.al.*, 2008). Im ruhigen Schlaf ist die Atmung sanft und gleichmäßig. Im aktiven Schlaf ist die Atmung unregelmäßig, manchmal von Seufzern unterbrochen und es können kurze Atempausen entstehen. Während des Schlafes verändert sich die Atmung, was vom Hirnstamm gesteuert wird. In den ersten 6 Lebenswochen steigt die Herz- und Atemfrequenz an, danach fällt sie stetig bis ins Erwachsenenalter ab.

Auch die Körpertemperatur bleibt nicht konstant. Ab dem Alter von 3 Monaten sinkt die Körpertemperatur nach einer Schlafzeit von 2 Stunden um ca. 0,5 Grad Celsius. Bei Frühchen ist dies erst später zu beobachten.

In den verschiedenen **Schlafzyklen** verändern sich diese Parameter. Ich möchte hier definieren was ein Schlafzyklus ist:

▷ Das Durchlaufen einer REM-Phase

▷ Eine Übergangsphase

▷ Eine Non-REM-Phase

Dauer eines Schlafzyklus:

▷ Babys unter 2 bis 3 Monate    45 bis 60 Minuten

▷ Erwachsene                    90 Minuten

Ebenso verändert sich der **Schlafrhythmus**. Babys unter 2 bis 3 Monate haben meistens noch keinen erkennbaren Schlafrhythmus, d.h. sie können Tag und Nacht noch nicht unterscheiden und haben maximal 90 Minuten lang stabile Wachphasen.

Ab dem 3. Lebensmonat beginnt sich normalerweise eine Rhythmisierung einzustellen. Der Nachtschlaf wird spürbar länger im Vergleich zum Tagschlaf und auch die Wachphasen stabilisieren sich und werden länger.

Auch die Art und Weise des Einschlafens und des Aufwachens verändert sich. Babys beginnen ihren Schlaf mit ca. 10 bis 20 Minuten REM-Schlaf, danach geht es in den Übergangsschlaf, etwa 10 bis 15 Minuten und fällt dann in den Tiefschlaf. Der Erwachsene beginnt dagegen seinen Schlaf mit dem Non-REM-Schlaf.

Zum Einschlafen gehört die sogenannte Schlaffähigkeit, d.h. zum „Einschlafenkönnen" gehört das Loslassen. Loslassen heißt körperlich und emotional die Kontrolle aufzugeben. Das verlangt vom Kind eine entsprechende psycho-vegetative Regulationsfähigkeit. Ebenso wichtig ist es, dass die Mamas, Papas oder die das Kind betreuende Person dies auch können! Denn Kinder gehen mit den Eltern in Resonanz. Solange wir als Erwachsene im eigenen Stress festhängen, sind wir für unsere Kinder keine gute Einschlafhilfe.

*Nächtliches Aufwachen ist normal!* Alle Menschen, Babys, Kinder und Erwachsene wachen nachts öfter auf. Wieder einschlafen zu können, hängt von einigen Faktoren ab:

▷ Vom Alter

▷ Der Reife des Nervensystems

▷ Von der Regulationsfähigkeit des vegetativen Nervensystems

## Das Gehirn braucht den Schlaf

Am Anfang unseres Lebens steht die Entwicklung des Gehirns im Vordergrund. In den ersten 24 Lebensmonaten findet die größte Entwicklung des Gehirnvolumens statt. Es erreicht in dieser Zeit etwa 90% des Volumens eines Erwachsenen. Man nimmt an, dass dies eng mit dem REM-Schlaf verbunden ist. Neuronale Regelkreise, die für die Verarbeitung von Informationen wichtig sind, werden im REM-Schlaf gebildet (*Steinberg et.al.*, 2000). Ebenso ist er für die Lern- und Gedächtnisprozesse ausschlaggebend. Der Tiefschlaf ist für die Gedächtnisbildung wichtig. Krabbeln und laufen lernen sind komplexe Bewegungsabläufe, die im REM-Schlaf verankert werden. Lerninhalte, wie z.B. Wörter, werden im Tiefschlaf gespeichert.

Bei störenden Unterbrechungen des Schlafes kann es zu negativen Auswirkungen auf die kognitiven Funktionen kommen.

Gedächtnisdefizite, Entwicklungs-, Lern- und Aufmerksamkeitsstörungen können die Folgen sein.

Auch das Wachstumshormon ist in der Einschlafphase aktiv und sorgt für das Körperwachstum und Reparaturvorgänge. In den Tiefschlafphasen ist vor allem das Immunsystem auf Touren. Wenn wir krank sind ist das Schlafbedürfnis größer. Man sagt nicht umsonst „wir schlafen uns gesund".

Während des Schlafes regenerieren wir uns und die Energiedepots werden wieder aufgefüllt. Das ist für das Gehirn wichtig. Man nimmt an, dass kurze Aufwachphasen zwischen den Schlafzyklen noch Relikte aus der menschlichen Entwicklungsgeschichte sind. Sie halfen Gefahren zu erkennen und dienten dem Überleben.

Letztlich sind Einschlafstörungen der Säuglinge nichts anderes. Hier braucht es auf jeden Fall eine Regulationshilfe, wenn die Alarmsysteme noch zu leicht aktivierbar sind, weil vielleicht eine oder mehrere traumatische Erfahrungen voraus gegangen sind.

## Regulation des Schlafes

Das vegetative Nervensystem ist beim Neugeborenen noch nicht besonders stabil und dadurch leicht irritierbar. Der Übergang vom Wachen zum Schlafen setzt ein absolutes Sicherheitsgefühl voraus.

Die Ursachen von Regulationsschwächen beim Neugeborenen und Säugling können vielfältig sein und sind im Kapitel „Frühes Trauma" sehr genau beschrieben. Hier eine Aufzählung in Kurzform:

- Langandauernder Stress in der Schwangerschaft
- Pränatale Untersuchungen
- Traumatische Geburt mit hoher Belastung für Mutter und/oder Kind – meist betrifft es beide
- Unterbrochenes Bonding – Trennung nach der Geburt
- Genetische Faktoren
- Traumatische Erfahrungen der Eltern oder Großeltern
- Psychische Erkrankungen der Eltern
- Ungeborene und Kinder gehen *immer* mit dem Stress und den Regulationsschwächen der Eltern in Resonanz

Man muss sich dabei immer wieder bewusst machen, dass das Nervensystem eines Ungeborenen und eines Säuglings bis etwa zum 8. Lebensmonat noch „global", also immer *als Ganzes* reagiert und noch nicht *differenziert*! Deshalb sind Reaktionen immer um ein Vielfaches stärker als beim älteren Kind und Erwachsenen. Dies verlangt viel Verstehen und Einfühlungsvermögen. Nachdem die Schlafmechanismen und die Reaktion des frühkindlichen Nervensystems den meisten Eltern nicht bekannt sind, kommt es zu Missverständnissen und oft zu Verzweiflung auf beiden Seiten. Das Erlernen eines guten Schlafablaufes verläuft sehr oft nicht gerade harmonisch. Es entstehen nervenaufreibende Situationen, wenn Eltern keinen offensichtlichen Grund finden können, warum ihr Baby unruhig ist, weint, nicht einschlafen kann oder vielleicht sogar panisch schreit und nicht wirklich „erreichbar" ist. Alles Mögliche und Unmögliche wird versucht um das Kind zu beruhigen oder zum Einschlafen zu bringen.

Zuerst einmal sollte man auf die einfachsten Parameter achten:

1. Schlafumgebung (allgemeine Empfehlung):
   - Eigenes Bettchen
   - Möglichst in Rückenlage

- ▷ Schlafsack ohne weitere Zudecke
- ▷ Feste Matratze ohne flauschige Unterlage, Kopfkissen o.ä. damit das Köpfchen nicht zu weit einsinken kann
- ▷ Raumtemperatur ca. 18 Grad Celsius (aber halten Sie das mal im Hochsommer in einer Dachwohnung ein!) um eine Überwärmung zu vermeiden
- ▷ Keine wasserdichte Unterlage, um einen Feuchtigkeitstau zu vermeiden
- ▷ Keine Kuscheltiere in den ersten Lebensmonaten, da sie evtl. das Gesicht des Kindes bedecken könnten
- ▷ Rauchfrei!

2. Grundbedürfnisse sichern:

- ▷ Beim Neugeborenen spielt das Gefühl von Sicherheit die größte Rolle
- ▷ Körperkontakt, Halten, Pucken
- ▷ Rückmeldung
- ▷ Rhythmus
- ▷ Reizarme Umgebung
- ▷ Ausgeglichene Eltern

3. Ausschluss einer organischen Ursache. In den seltensten Fällen verursacht dies einen gestörten Schlafablauf! Wenn Sie bei Ihrem Baby folgende Parameter feststellen, dann sollten Sie einen Kinderarzt aufsuchen:

- ▷ Geräuschvolle Atmung (z.B. Zischen/Stridor)
- ▷ Atempausen, die mit starker Blässe oder sogar bläulich Werden (Zyanose) einhergehen
- ▷ Überstrecken des Babys in Rückenlage
- ▷ Gedeihstörungen
- ▷ Anhaltendes Schreien, das nur schwer zu beruhigen ist

In extremen Fällen gibt es die Möglichkeit ein spezielles Schlaflabor aufzusuchen. Hier werden die physiologischen Störungen und Prozesse erfasst, wie Schlafablauf, Herzrhythmus, Atemfluss an Mund und Nase, Sauerstoffgehalt im Blut und noch vieles mehr. Ob eine solch aufwendige Untersuchung nötig ist, entscheidet ein schlafmedizinisch ausgebildeter Kinderarzt. Vorausgegangen müssen eine gründliche Anamnese und eine körperliche und neurologische Untersuchung sein.

Wenn es sich jedoch um einen gesunden Säugling handelt, der einfach nicht einschlafen oder schlafen kann, dann handelt es sich meist um eine Regulationsstörung. Darunter versteht man eine für das Alter oder den Entwicklungsstand des Säuglings oder Kleinkindes außergewöhnliche Schwierigkeit, sein Verhalten in bestimmten Zusammenhängen angemessen zu steuern.

Wenn ein Kind nachts häufig aufwacht, so kann das ganz einfach eine physiologische Grundlage haben. Schon allein *das* zu wissen ist für viele Eltern eine große Entlastung und nimmt die Sorge, dass das Baby eine organische Störung hat und eventuell einen Schaden nehmen könnte. Um sich zu beruhigen benötigt ein Kind im ersten Lebensjahr meist die Hilfe der Eltern oder einer festen Bezugsperson. Um das Kind zu beruhigen genügen oft schon eine reizarme Umgebung und die Anwesenheit der Eltern oder eines Elternteiles. Dazu ist es sehr sinnvoll die eigenen Reizquellen zu überprüfen und herunter zu fahren:

▷ Der eingeschaltete Fernseher überlastet das Nervensystem eines Säuglings, aber auch Ihres!

▷ Die Nähe von Fernsehern, schnurlosen Telefonen, Basisstationen, 12 Volt-Halogenlampen sollten vermieden werden

▷ Besorgen Sie sich einen Netzfreischalter

▷ Eventuell den Schlafplatz auf Störzonen untersuchen lassen – auch hier reagieren Babys extrem sensibel

Kleine Rituale zum Einschlafen sind hilfreich:

▷ Bereiten Sie den Schlaf möglichst immer in ähnlicher Form und zu ähnlicher Zeit vor

▷ Singen, wiegen, sanftes Bewegen wie tanzen beruhigen das Nervensystem von Eltern und Kind

▷ Zufüttermahlzeit nicht direkt vor dem Schlafen

▷ Wenn es möglich ist – Muttermilch, denn sie wirkt beruhigend

Wenn ein Säugling weint, so ist es wichtig, ihm Nähe, Trost, Wärme und Körperkontakt zu geben. Wenn das Kind sich beruhigt hat, kann man es auch wieder ablegen. Es lernt auf diese Weise, dass es Unterstützung bekommt, wenn sie gebraucht wird und es gerade nicht alleine zurechtkommt. Nicht besonders hilfreich sind ständige Ablenkung und Dauerbeschäftigung. Ebenso ist es keine Lösung das Baby schreien zu lassen, denn damit wird jegliches Vertrauen gebrochen. Vertrauen gibt dem Kind die Sicherheit und Geborgenheit, die es braucht um zum Einschlafen loszulassen. Es gibt auch unterschiedliche Formen des Weinens. Das Bedürfnisweinen bedeutet z.B. Hunger, das Entlastungsweinen dient dem Stressabbau. Als Eltern finden wir sehr schnell heraus, welches Weinen mir mein Baby zeigt.

Manche Kinder weinen im Schlaf kurz auf, ohne wirklich aufzuwachen. Deshalb sollte man am Anfang das Baby beobachten und nicht gleich bei jedem „Quak" losrennen, das würde wiederum den Schlaf des Kindes stören. Es ist sinnvoll eine Hilfestellung dann anzubieten, wenn das Baby klar signalisiert: „Ich komme nicht alleine zurecht!".

Die größte Ressource der Säuglinge ist natürlich das Saugen. Zur Not kann ein Schnulli angeboten werden, jedoch keine Flasche. Frust sollte nicht mit Essen beantwortet werden, sonst bildet sich von Anfang an das Muster: Frust = Essen.

Mir fällt dazu immer ein wunderbares Bild ein. Die Katze meiner Freundin auf Korfu hatte gerade Junge als ich sie besuchte. Die Katzenmama lag völlig entspannt auf der Seite und die 3 kleinen Jungen schliefen tief und fest an sie gekuschelt, jedes mit einer Zitze im Mäulchen. Ein Bild von absolutem Frieden und Geborgenheit!

Wir Menschen machen uns selbst so viel Stress und sind so weit weg von allem Natürlichen. Wir haben keine Zeit, kein Vertrauen in das eigene Fühlen und wir hören zu viel auf das, was einem von außen gesagt wird. Wir sind gefangen in der Erwartungshaltung unserer Umgebung, dass alles funktionieren muss.

Dann ist natürlich jedes Kind anders. Ein wirkliches, immer und bei allen Kindern funktionierendes Kochrezept gibt es nicht.

*„Eltern sind der Leuchtturm, Kinder sind die Schiffchen!"* Kinder brauchen klare Botschaften. Daraus können sie Sicherheit schöpfen, sich orientieren und entwickeln.

Die Bedürfnisse der Eltern, ebenso die eigenen Erfahrungen in der Kindheit, die durch das neue Wesen hochgespült werden, eigene kulturelle und soziale Einstellungen spielen wesentlich in das Thema „Schlaf" mithinein. Unsicherheit, die Sorge auch alles richtig zu machen, Anspannung oder sogar depressive Stimmungszustände stehen einem entspannten Umgang mit dem Schlaf des Babys im Weg. Es ist immer wieder sinnvoll sich selbst zu fragen: „Welche Erfahrungen habe ich mit dem Schlafen?"

Das heißt, die Selbstanbindung vieler Eltern ist gestört. Was bedeutet das? Eigene Unsicherheiten, das Gefühl von Abgespaltensein, die eigene Geschichte lassen die Erwachsenen sich selbst nicht wirklich wahrnehmen oder noch besser – in sich ruhen. Das Leben wird eher zu einem Funktionieren: „Hauptsache dem Kind geht es gut und der Alltag geht geregelt weiter!" Das klappt leider nicht. Zuerst muss es vor allem der Mutter gut gehen, indem sie beginnt etwas für sich zu tun. Durch einfache Dinge wie Körperwahrnehmung und einfache Atem- und Entspannungstechniken, bewusstes Berühren kann schon vieles erreicht werden. Lassen Sie sich von Ihrem Partner sanft massieren, streicheln, berühren! Wenn gerade niemand da ist, der Sie streicheln könnte, tun Sie es selbst! Spannungen werden abgebaut und es führt zur Ausschüttung von Oxytocin und Endorphinen. Dies dient der eigenen Regeneration. Wenn sich das Nervensystem der Mutter regeneriert, wird auch das des Kindes aufgefrischt und gestärkt. Kinder gehen immer in Resonanz!

Erlauben Sie sich, die eigene emotionale Betroffenheit anzuschauen, fühlen Sie in Ihren Zustand hinein und klären Sie Ihren emotionalen Zustand. Das wird Ihnen wieder Halt und Kraft geben!

*Eltern müssen wissen: nach der Geburt eines Kindes ist nichts mehr wie vorher*! Es ist häufig sehr schwierig sich das bewusst zu machen und sich in die neue Situation einzufinden. Dabei helfen kleine Rituale und das Wissen um ein paar grundlegende Dinge. Das bedeutet für Mutter und Vater ein sich Einlassen auf eine Zeit, wo alles anders ist. Das öffnet auch Chancen für Neues! Wenn man das begreift, so wird der Zustand, wo man oft nicht weiß wohin es geht, zur Festigung der Beziehung beitragen können.

Nachdem die erste Zeit mit einem Neugeborenen sehr häufig keine Möglichkeit für regelmäßige Schlafzeiten zulässt, müssen Sie für ausreichende Schlafzeiten für sich selbst sorgen. Wir als Erwachsene lernen die Schlafbereitschaft des Babys zu erkennen und zu nutzen. In den ersten 3 bis 4 Monaten nach spätestens 45 bis 90 Minuten für eine Ruhezeit sorgen. Auch die Stillzeit gehört dazu. Zum Stillen gehören Ruhe und Bequemlichkeit. Es soll auch für die Mama eine Ruhemöglichkeit sein, ebenso fördert es die ausreichende Bildung von Muttermilch. Wenn Ihr Kind wach ist, sorgen Sie für angemessene Spiel- und Kontaktzeiten, Berührung und Bewegung für das Baby. Frische Luft tut gut und macht müde. Baden Sie Ihr Kind, wenn es sich dabei entspannen kann. Stellen Sie sicher, dass das Baby tagsüber genug Licht und nachts wirklich Dunkelheit bekommt, denn das ist für die ausreichende Melatoninbildung wichtig. Nehmen Sie sich gerade am Anfang Zeit für sich und Ihr Kind. Das schafft eine wunderbare Basis für Vertrauen, Sicherheit, Verbundenheit, Kommunikation und gesundes Wachsen miteinander.

Oft werde ich gefragt: „Wo und wie soll denn mein Kind schlafen? Jeder sagt etwas anderes!" Der Tipp, den ich dazu gebe ist natürlich, dass die Eltern selbst am besten wahrnehmen, was ihr Baby braucht. Oft schlafen Babys auf dem Arm ein, das gibt ihnen Sicherheit. Dann sollte man abwarten, bis der Schlaf tiefer geworden ist. Das dauert ca. 10 bis 15 Minuten. Diese Zeit ist wunderbar zu nutzen um sich selbst auszuruhen. Dann kann man das Kind meist ablegen und kündigt das vorher auch an.

Eine andere Möglichkeit ist, das Kind im Elternbett einschlafen zu lassen. Die Nähe der Eltern und deren Atemgeräusche triggern das Gehirn des Babys. Man kann sich gemütlich daneben legen, eine Weile dort mit dem Baby verbringen, sich vom wachen und ruhigen Baby verabschieden und das Hinausgehen ankündigen. Ebenso kann man warten bis es eingeschlafen ist und nach 10 bis 15 Minuten, wenn der Schlaf tiefer geworden ist, den Raum verlassen.

Auch ein Einschlafen im Babybett funktioniert oft sehr gut. Machen Sie es sich am Bettchen gemütlich. Es sollte für den Elternteil bequem sein und auch wieder als eine Möglichkeit gesehen werden um selbst zu entspannen. Beruhigungshilfen wie Summen, Singen, Wiegen oder Streicheln tun dem Baby gut. Wenn Sie das noch wache Baby verlassen, kündigen Sie es an oder Sie warten ab bis es tief schläft – ca. 10 bis 15 Minuten.

Viele Dinge müssen in dieser „neuen" Beziehung erst wachsen. Dazu gehört die Regulation von Schlaf und Wachsein. Für die meisten frischgebackenen Eltern wirft das viele Fragen auf und erzeugt Unsicherheit, oft sogar große Ängste. Deshalb ist es so wichtig, sich gut über das Thema Schlaf zu informieren. Über die Zusammenhänge Bescheid zu wissen nimmt viel Stress. Sich ein entsprechendes Unterstützungsfeld aufzubauen ist sehr hilfreich. Väter sollte hier eine Schlüsselrolle spielen!

Wenn es dennoch Situationen gibt, die über die Kraft der Eltern hinausgehen und die Lage kritisch wird, weil der eigene Schlafmangel zu groß wird, dann sollte man sich Hilfe von außen holen. Entweder bei einem Kinderarzt, der sich wirklich mit dem Thema auskennt und nicht sagt: „Das wächst sich aus!", oder „Das regelt sich von selbst!" oder bei Osteopathen oder Craniosacraltherapeuten, die auf die Arbeit mit Babys spezialisiert sind. Es gibt auch entsprechende Beratungsstellen an die man sich wenden kann. Entsprechende Adressen finden Sie im Anhang des Buches.

*Ein gesunder Schlaf ist kostbar*! Eine Fehlregulation im Babyalter, die nicht korrigiert wird, kann Auswirkungen auf alle möglichen Bereiche des späteren Lebens haben – auch auf den Schlaf im Erwachsenenalter. Deswegen ist es wichtig, die entsprechenden Hilfestellungen so früh wie möglich anzuwenden.

# Väter

Viele Studien belegen, dass es für ein Kind nichts Besseres geben kann als einen Vater zu haben, der wirklich Verantwortung übernimmt. Nicht nur um „Versorger und Aufgabenübernehmer" zu sein, sondern ganz bewusst anwesend und gleichberechtigt im Umgang mit dem Kind.

Moderne Familie heißt leider für viele Frauen, aber auch Männer – alleinerziehend. Oft alleine gelassen, aber häufig auch eine ganz bewusste Entscheidung. In meiner Praxis erlebe ich sehr häufig ein heftiges Ablehnen des Vaters von Seiten der Mutter – meist auch noch im Beisein des Kindes. Dabei spielt es keine Rolle wie alt das Kind ist. Auch ein Neugeborenes spürt das schon sehr genau. Dies wirkt sich sehr stark auf das Kind aus und kann sich auf die unterschiedlichste Art zeigen. Entweder in Form von physischen oder psychischen Symptomen. Es geht mir hier nicht darum zu urteilen, ich sehe nur wie die eigene Lebensgeschichte und der eigene Schmerz der Eltern durch die Entstehung und die Geburt eines eigenen Kindes an die Oberfläche drängt. Natürlich sind wir uns dessen eher nicht bewusst und dadurch sind die Konflikte vorprogrammiert. Die Paare bleiben in Vorwürfen stecken und wissen oft keinen anderen Ausweg als die Trennung.

Die Zahl der alleinerziehenden Eltern steigt ständig an und die Frage: „Braucht ein Kind wirklich beide Elternteile?" steht mehr im Vordergrund als je zuvor. Im 20. Jahrhundert nach den beiden Weltkriegen wuchsen viele Kinder ohne Vater auf. Der 2. Weltkrieg nahm etwa einem Viertel der Kinder ihre Väter. Danach änderten sich die Gründe für die Vaterlosigkeit. Die Hauptursachen sind heute Trennung oder der Tod des Vaters.

Aber auch in „sogenannten" intakten Familien treten die Väter oft nur am Rande in Erscheinung. Die Väter sind für die Ernährung der Familie zuständig. Meist ist das gängige Bild: Erzeuger und Ernährer. Natürlich übernimmt er auch bestimmte Aufgaben, aber wirklich greifbare Verantwortung, ein Dasein in der Familie, bleibt so oft auf der Strecke. Wie viele Väter sind für ihre Kinder mehr oder weniger unsichtbar? Abends kommen sie oft so spät nach Hause, dass die Kinder sie nicht sehen oder sie sind so gestresst, dass sie mit der Familie überfordert sind. Am Wochenende findet dann Familie statt. Wir als Mütter erwarten natürlich dann, dass die Väter sich nahtlos um die Kinder kümmern, wenn sie dann endlich da sind. Dass das nicht wirklich für ein entspanntes Verhältnis sorgen kann ist einleuchtend. In meiner Praxis betreue ich viele Familien. Die Mütter beklagen sich, dass sie nicht genügend Unterstützung von ihren Männern bekommen und äußern sich dabei leider auch oft abfällig. Die Väter haben Schuldgefühle, weil es so ist und stehen auch häufig unter Druck aus Angst ihren Job zu verlieren, wenn sie weniger arbeiten würden. Beide Teile fühlen sich überfordert. Die Kinder spiegeln das wiederum ihren Eltern und die kommen dann in die Praxis und möchten gerne, dass das Kind therapiert wird. Ein ungesunder Kreislauf! Natürlich brauchen die Kinder Hilfe, dennoch versuche ich immer die Eltern mit ins Boot zu holen. Vor allem, wenn die Väter sich mehr Zeit nicht nur für die Kinder, sondern die Familie nehmen, gibt es positive Veränderungen.

Unsere Mütter sind in unserer Gesellschaft meist die gut organisierten, funktionierenden Übermütter, dennoch überfordert und in ihrer eigenen Handlungsfreiheit eingeschränkt. Eine Mutter, die es sich leistet zu Hause bei den Kindern zu bleiben, wird von anderen Frauen gar nicht mehr ernstgenommen. Der Vater wird nach wie vor in die Rolle des Ernährers geschoben und gibt nur ein blasses Bild in der Familie.

Wie können Kinder sich an einem solchen Vater orientieren? Manchmal habe ich sogar den Eindruck, dass die Mütter so gut sind, dass sie die Väter gar nicht brauchen ... Es erscheint mir fast als würden sich zwei Lager bilden. Wo bleibt das liebevolle Miteinander? Wir sprechen von Gleichberechtigung, aber dazu gehört Austausch, Kommunikation und eine gemeinsame Vorstellung davon wie man die oft schwere Alltagslast besser verteilen *kann* oder auch *will*! Was für ein Bild vermitteln wir unseren Kindern, wenn es mehr ein Nebeneinander als ein Miteinander ist? Frauen nehmen in unserer Welt in den meisten Kulturen inzwischen einen ganz anderen Platz in der Gesellschaft ein wie noch vor 50 Jahren, wir können uns frei bewegen, studieren, wählen, wir können unverheiratet mit einem Partner leben, wir Frauen sind sehr gestärkt worden. Das ist auch gut so. Dennoch führen gerade all diese tollen Möglichkeiten schnell zur Überforderung.

Aber wer hat die Männer gestärkt? Die Rolle der Männer hat sich nicht gleichzeitig mitentwickelt. Irgendwie ist diese Gleichung nicht so ganz aufgegangen. Männer dürfen heute zwar bei der Geburt dabei sein, die Nabelschnur durchtrennen, sie bekommen sogar eine Elternzeit zugestanden, aber dann? Väter dürfen nicht zum Erzeuger, Ernährer und Wochenendbespaßer degradiert werden!

Sowohl die Mütter als auch die Väter sind in ihrem jeweiligen „Job" so beschäftigt, gefordert, auch oft überfordert, dass sie dann Zeit zum Erholen brauchen und nicht für ein liebevolles, konstruktives und gegenseitiges Miteinander offen sind.

Der ganze Wahnsinn ist ein Produkt unserer leistungsorientierten Gesellschaft, der ein wirklich positives, liebevolles, zugewandtes Zusammenleben einer Familie – ganz gleich ob verheiratet oder nicht – gar nicht zulässt. Es muss alles noch größer, schöner, besser, teurer sein, dazu muss natürlich der entsprechende Einsatz gebracht werden. Der Preis ist verdammt hoch! Ist es das wirklich wert? Wäre nicht wirklich wichtig die eigene Vision von Familie zu überprüfen?

Diese Themen bleiben nicht nur in der Familie, sie wirken sich natürlich immer auf die gesamte Gesellschaft aus, in der es – wenn man genau hinschaut – nicht um ein gemeinschaftliches Miteinander und aneinander Wachsen geht.

Ich will hier nicht den Moralapostel spielen – ich weiß wie schwer das alles ist. Aber wenn ich heute mit all den eigenen Erfahrungen und denen aus meiner langjährigen Praxiserfahrung auf dieses Thema schaue, wären viele psychische und physische Störungen bei Kindern, ja auch schon Babys zu vermeiden, wenn Familien wirkliche Familien wären. Wie wäre es, wenn das Wohl der Kinder an erster Stelle stehen würde? Eine 50:50 Versorgung könnte dafür gut sein, aber wiederum schlechter für die Karriereleiter. Ein neues Vaterbild muss sich genauso entwickeln wie das neue Bild der Frau sich entwickelt hat, nur so kann es zu einem funktionierenden Gleichgewicht kommen.

## Welchen Einfluss hat der Vater auf die Entwicklung des kindlichen Gehirnes?

Viele Untersuchungen sind auf die Rolle der Mutter in der entwicklungspsychologischen und tierexperimentellen neurobiologischen Forschung beschränkt, die sich mit der emotionalen Bindung zwischen Eltern und Nachkommen befasst. Wieso? Die Forschung geht hier hauptsächlich von der Tatsache aus, dass bei etwa 90% aller Säugetiere die „Väter" wenig oder keinen Beitrag zur Aufzucht ihres Nachwuchses beitragen.

Die wissenschaftliche Forschung über die frühe Vater-Kind-Beziehung und die Konsequenzen der Entbehrung der väterlichen Fürsorge und Liebe in der frühen Kindheit steckt leider auch heute noch in den Kinderschuhen.

\* Der österreichisch-amerikanische Psychoanalytiker *Renē Spitz* (1887-1974) und Kollegen haben herausgefunden, dass eine fehlende oder gestörte Eltern-/Mutter-Kind-Beziehung zu Fehlentwicklungen bis zu Extremen wie Hospitalismus führen kann (*Spitz* 1945/*Coleman & Provence* 1957). In der späteren Entwicklung des Kindes kann es dann zu Verzögerung und Störungen der Persönlichkeitsentwicklung führen. Ebenso sind Defizite der intellektuellen und sozialen Fähigkeit möglich (*Brodbeck & Irwin* 1946) bis zu psychischen Erkrankungen wie Depression oder Schizophrenie (*Agid et al.* 2000, *Heim & Nemeroff* 2001). Das Fehlen väterlicher Fürsorge im frühen Kindesalter birgt ein erhöhtes Risiko für Entwicklungsverzögerungen und dauerhaften Defiziten in der kognitiven und emotionalen Entwicklung. Das Fehlen eines fürsorglichen Vaters erhöht die Wahrscheinlichkeit schlechter schulischer Leistungen, gestörtem Sozialverhalten, psychopathologischen Erkrankungen, aber auch das Risiko von impulsivem und aggressivem Verhalten (*Erhard & Janig* 2003), ebenso der Suizidgefährdung (*Baskerville* 2002, *O'Neill* 2002).

Nachdem Verhaltensweisen im Gehirn entstehen, nimmt man an, dass bei vaterlos aufgewachsenen Kindern Verhaltensstörungen das Resultat einer entsprechend verzögerten oder fehlgesteuerter Gehirnentwicklung sind. *Dr. Katja Seidel* und das Forscherteam von *Dr. Katharina Braun* zeigen, dass im unreifen Gehirn eines Neugeborenen bei der Interaktion mit Bezugspersonen neuronale Verschaltungen aktiviert werden. Mit dieser umweltinduzierten Prägung der beteiligten Gehirnareale (präfrontale und limbische Zentren) passt das Kind sich an seine direkte Umwelt an, also die jeweilige Familie.

Die Bedeutung der mütterlichen Fürsorge auf die Entwicklung des Gehirns und des Verhaltens von Babys und Kleinkindern ist schon relativ gut erforscht, jedoch die der väterlichen wenig. Was wohl sehr eindeutig ist, dass Mütter und Väter auf sehr unterschiedliche Weise mit ihren Kindern spielen. Interaktionen zwischen Vätern und Kindern laufen anders ab als zwischen Müttern und Kindern. Dies lässt vermuten, dass die Fürsorge von Mutter und Vater komplementär auf die Verhaltensentwicklung des Kindes wirken (*Grossmann et. al.,* 2002).

Anhand dieser wissenschaftlichen Ausführung möchte ich versuchen zu erklären, was in unseren Gehirnen abläuft bzw. prägend wirkt, wenn bestimmte Reize fehlen. Auch wenn das etwas kompliziert wirkt, lohnt es sich da einmal genauer hinzuschauen. Es hilft dabei unsere Kinder besser zu verstehen.

Es gibt dazu eine interessante Untersuchung an Strauchratten, auch Degus genannt. Eine Magdeburger Forschergruppe der Otto-von-Guerike-Universität untersucht welchen Einfluss die Fürsorge des Vaters auf die funktionelle Reifung präfrontaler (kognitiv) und limbischer (emotional) Schaltkreise hat. Führt das Fehlen der väterlichen Fürsorge in diesen Gehirnarealen zu Verzögerungen oder Fehlentwicklungen?

Die Deguväter sind in den ersten Wochen sehr stark an der Pflege und Aufzucht ihrer Jungen beteiligt. Es ist sogar so, dass die Degumütter ihren Kontakt etwas verringern und der Kontakt zu den Vätern steigt (*Pinkernelle et. al.,* 2009). Die Deguväter kuscheln, schmusen, betreiben Körperpflege und spielen mit ihren Nachkommen. So bekommen die Kinder ein großes Angebot an sensorischen und sozioemotionalen Reizen.

Um herauszufinden was wirklich geschieht, wenn der Vater fehlt, wurde bei einigen Degufamilien der Vater einen Tag nach der Geburt seiner Jungen entfernt. Die Gehirne und das Verhalten der Jungtiere mit und ohne Vater wurden verglichen. Die vaterlosen Tiere zeigten eine Vielfalt von Veränderungen in präfrontalen und limbischen Gehirnarealen.

Es wurde festgestellt, dass vaterlose Jungtiere weniger Spine-Synapsen in der Gehirnregion des orbitofrontalen Cortex (OFC zuständig für emotionale Verhaltensweisen, aber auch für das Aggressionsverhalten) beinhalten (*Helmeke et. al.,* 2009). Spine-Synapsen sind sehr plastische, erregende Synapsen. Sie spielen bei der Verhaltensentwicklung und bei Lern- und Gedächtnisprozessen eine große Rolle (*Segal,* 2005, *Ovtscharoff et. al.,* 2006, *Bock,* 2005, *Helmeke et. al.,* 2001). Offenbar kann die fehlende Stimulation des Vaters nicht durch die Mutter ausgeglichen werden. Dies beeinträchtigt die vollständige Ausreifung von synaptischen Netzwerken, die für eine normale Verhaltensentwicklung notwendig sind. Ein Mangel an Spine-Synapsen könnte darauf hinweisen, dass die Tiere emotionale, soziale und kognitive Defizite entwickeln.

Es wird untersucht, ob die vaterlosen Tiere aggressiver, impulsiver, ängstlicher oder mutiger sind.

Man hat herausgefunden, dass vaterlose Tiere wenige dieser „Spine"-Synapsen im sogenannten somatosensorischen Cortex haben. Dieser Bereich ist für das Tastempfinden zuständig und reagiert auf Körperkontakt aber auch auf Schmerz. Vermutlich ist diese verminderte Synapsenentwicklung ein Ergebnis des fehlenden Vaterkontaktes.

Bei einer Schädigung oder Fehlentwicklung des orbitofrontalen Cortex (OFC) kommt es zu Problemen bei der Einschätzung sozialer und emotionaler Wichtigkeit von Situationen, sowie Persönlichkeitsveränderungen. Durch bildgebende Diagnostik konnte nachgewiesen werden, dass Menschen, die an ADHS, ADS oder Autismus leiden, eine orbitofrontale Unterfunktion zeigen. Ähnlich Befunde zeigen sich bei Kindern aus rumänischen Waisenhäusern (Langzeitdeprivation). Mein Vater, der über viele Jahre psychologischer Gerichtsgutachter war, fand heraus, dass die meisten Gewaltverbrecher selbst eine sehr deprivierte Kindheit hatten.

Der OFC ist mit der Amygdala verbunden. Sie ist für die Wahrnehmung und Erzeugung emotionaler und kognitiver Verhaltensweisen zuständig. Dazu gehören z.B. Angst, aber auch das Erlernen der „emotionalen" Gedächtnisbildung. Die Amygdala ist sozusagen das Schnellfeuergewehr, reagiert reflexartig und ist an eher unüberlegten Handlungen beteiligt. Erst durch die Verbindung zum OFC kann die Reaktion der Amygdala gebremst werden. Dadurch entsteht erst eine angemessene Reaktion oder ein vorausschauendes Verhalten. Durch dieses Zusammenspiel sind wir überhaupt erst in der Lage Situationen zu reflektieren und zu bewerten. Die Amygdala ist maßgeblich an der Regulation von Angst und Angstverhalten beteiligt, wie wir aus der Traumaforschung und Therapie wissen.

In der Amygdala der Degu-Ratten, die ohne Vater aufgewachsen sind, lassen sich deutliche neuronale Veränderungen nachweisen. Sie zeigen ein impulsiveres Verhalten, was auf eine verminderte Aktivierung des orbitofrontalen Cortex und vermutlich daraus resultierenden hyperaktiven Amygdala schließen lässt. Vaterlose Degus verhalten sich auch in einer fremden Umgebung wesentlich ängstlicher als Tiere, die von beiden Eltern großgezogen wurden.

* Bezugnahme auf Artikel von *Prof. Dr. rer. nat. Katharina Braun* und *Dr. rer. nat. Katja Seidel* „Vaterlosigkeit" Hebammenzeitschrift

Auch bei einer bestimmten Affenrasse, den Titi-Affen, verbringen die Väter mehr Zeit mit ihrem Nachwuchs als die Mütter. Bis zu 90% tragen diese ihre Babys auf dem Rücken. Diese Papas sind sozusagen unverzichtbar.

Gerade in den ersten Lebensjahren spielt die elterliche Fürsorge eine wesentliche Rolle für die Prägung eines Kindes und die spätere seelische Gesundheit. Meiner Meinung nach haben Väter daran einen wesentlich wichtigeren Part als landläufig angenommen wird. Kinder, die mit einem liebevollen Vater aufwachsen, zeigen eindeutig eine größere Sozialkompetenz und intellektuelle Entwicklung. Sie zeigen in der Regel mehr Empathie und Selbstwertgefühl. Kinder, die ohne Vater aufwachsen haben häufiger Anpassungsprobleme, schlechtere schulische Leistungen, zeigen ein höheres Maß an impulsivem bis aggressivem Verhalten. Im schlimmsten Fall, wenn noch ein hohes Maß an Deprivation hinzukommt, kann dies in Kriminalität umschlagen.

Ich möchte betonen, dass es hier nicht um Wertung geht, sondern um Tatsachen und darum, das Verhalten von Kindern besser verstehen zu können. Jede alleinerziehende Mutter versucht das Beste für ihr Kind zu tun – das steht sicher außer Frage.

Dennoch spielt der Vater oder wenigsten eine verlässliche, kontinuierliche, männliche Bezugsperson eine sehr wichtige Rolle. Leider ist es inzwischen so, dass von Anfang an Frauen im Bezug zu Kindern im Vordergrund stehen. Das geht in der Krippe los und setzt sich im Kindergarten und der Schule fort – Betreuerinnen, Kindergärtnerinnen, Lehrerinnen.

Ein fehlender Vater kann natürlich nicht einfach „ersetzt" werden, jedoch kann eine männliche Bezugsperson vieles ausgleichen.

## Die Wichtigkeit von Vätern

In der Generation unserer Eltern, Großeltern und weiter zurück, war das Kinderkriegen und alles, was damit zu tun hatte, eher Sache der Frauen. Die Männer hatten damit nicht viel zu tun. Das heutige Paarverständnis hat sich komplett verändert, wir haben andere Erwartungen und ein anderes Selbstverständnis und damit entstehen für beide Elternteile vollkommen neue Aufgaben und Herausforderungen.

## Aus 2 mach 3 …

Wenn ein Mann erfährt, dass die Partnerin schwanger ist, so beginnt auch eine Schwangerschaft für „ihn". Es wird klar, dass diese Tatsache neue Perspektiven öffnet und dass das Leben sich maßgeblich verändern wird.

Wenn ein Paar „schwanger" ist, vor allem das erste Mal, dann ist das nicht nur reine Freude, sondern auch ein sich Einstellen auf eine vollkommen neue Lebenssituation und Konstellation. Eine neue Phase im Leben von zwei Menschen: aus zwei mach drei. Es ist ganz einfach eine Tatsache, dass eine Dreiergruppe ein instabileres Gefüge ist als eine Zweiergruppe. Diese Dreiergruppierung gehorcht anderen sozialpsychologischen Gesetzen als die Zweiergruppe, das gilt natürlich auch für die Vater-Mutter-Kind-Konstellation (*Fivaz-Depeursinge u.a.*, 1998).

In einer Dreierkonstellation, auch Triade genannt, kann es leicht dazu kommen, dass sich einer ausgeschlossen fühlt – hier ist es oft der Mann. Dies geschieht nicht mit Absicht, aber am Anfang ist die Mutter ganz automatisch völlig dem Ungeborenen oder Neugeborenen zugewandt – körperlich und emotional. Wenn also vorher schon ein gewisses emotionales Ungleichgewicht bestanden hat, z.B. die Frau war eher die „Gebende", dann kann es sein, dass sich der Mann vernachlässigt fühlt. Wenn dies der Fall ist, so ist der Vater eher nicht in der Lage seiner Partnerin die Unterstützung zu geben, die sie in ihrem meist psychisch labilen Zustand nach der Geburt bräuchte. Manchmal wenden sich dann Männer in ihrer Bedürftigkeit auch nach außen und das ist natürlich für die Frau eine ungeheure Verletzung – eine Wunde, die nicht mehr heilt. Selbst wenn das Paar mit den unterschiedlichsten Begründungen zusammenbleibt, wird diese Wunde irgendwann wieder aufbrechen und zum Bruch führen.

Wenn ein Mann sich in dieser kritischen Zeit als Randerscheinung fühlt, so kann es passieren, dass er sich wie wild in seine Arbeit stürzt – er wird zum „Existenzsicherer". Damit kann er emotional aus dem Schmerz fliehen und hat nicht mehr viel mit Frau und Kind zu tun. Dadurch wird die Frau in die Rolle der Familienmanagerin gedrängt und ist für Gefühle, Kinder, Versorgung und Beziehung verantwortlich. Es entstehen im Laufe der Zeit zwei völlig fremde Welten, man lebt meist eine gut **funktionierende** Einheit, die nicht mehr viel mit einem emotionalen Miteinander zu tun hat. Oft kommt es auch zur Konkurrenz: Wer ist der bessere Elternteil? Dann können die Eltern gegeneinander ausgespielt werden – was weder für das Kind noch für die Eltern gut ist.

In der Stressforschung spricht man hier von einem kritischen Lebensübergang – aus einem Paar wird eine Familie. Dies birgt sowohl eine gewisse Gefahr als auch ein Chance für die

Beziehung der werdenden Eltern. Die Schwangerschaft, die Geburt und die erste Zeit danach, ist eine Zeit des empfindlichen Gleichgewichts. Wir Frauen erleben starke Veränderungen unseres Körpers, die Hormone lassen uns empfindlicher reagieren und gerade dann brauchen wir die einfühlsame Unterstützung unseres Partners.

Für die Männer ist das auch vollkommen neu. Seine Frau verändert sich, körperlich und oft auch psychisch. Viele Männer tun sich mit solch heftigen körperlichen Veränderungen schwer. Hinzu kommen dann vielleicht auch existentielle Fragen oder auch die Frage: „Kann ich mich überhaupt auf ein Kind einlassen?"

Dann ist es von großer Bedeutung für das Paar sich auszutauschen, ehrlich miteinander umzugehen, denn nur so ist es möglich die Ängste des Partners zu verstehen und zu überwinden. Dies ist eine Chance für Männer zu entdecken, wie wichtig gerade sie in dieser Zeit sind, dennoch gibt es Momente wo sich der werdende Vater wieder vollkommen unwichtig fühlt – ein ziemliches Wechselbad. Da ist es nicht immer einfach sich zurecht zu finden. Oft sind auch Reaktionen im Freundes- und Bekanntenkreis sehr unterschiedlich, von: „Ach du liebe Zeit! Viel Spaß beim Windeln wechseln!" usw. bis „Suuuper!"

Viele Männer fühlen sich nicht ausreichend auf die Geburt und die Zeit danach vorbereitet. Ich kann mir gut vorstellen, dass das auch daran liegt, dass es Männern generell schwerer fällt die eigenen Bedürfnisse und Fragen zu formulieren und auch „rüber zu bringen" als das bei uns Frauen der Fall ist. Frauen suchen das Gespräch mit Freundinnen, Familie, Hebammen und Ärzten. Männer dagegen suchen ihre Antworten eher im Internet und in Büchern. Diese Fragen tauchen häufig auf: „Wie kann ich ein gutes Verhältnis zu meinem Kind aufbauen?", „Wie ist das mit der Sexualität in dieser Zeit?" etc.

Es ist extrem wichtig, dass ihre Fragen gehört und beantwortet werden und die männliche Perspektive wahrgenommen wird. Das tut wiederum der Partnerschaft in dieser oft nicht ganz einfachen Zeit gut. Es ist wichtig das Gespräch zu suchen, mit Freunden, Männern, die schon Kinder haben und aus ihrer Erfahrungskiste erzählen können. Dennoch ist es bei all den „guten Ratschlägen" notwendig den eigenen Weg zu finden. Patentlösungen gibt es nicht! Dem eigenen Empfinden, den gemeinsamen Vorstellungen und vor allem der Intuition zu folgen, ist meist besser als auf zig Ratgeber und gut gemeinte Ratschläge zu vertrauen.

Die Gefahr, das aus „zwei mach drei" ein „zwei zu drei" wird ist groß, aber die Chance daraus etwas Wunderbares entstehen zu lassen ist noch größer, wenn wir mehr darüber wissen.

Heute wissen wir, dass zwar nur die Mutter ihr Kind stillen kann, dass aber für die emotionale Versorgung – auch schon des Neugeborenen – andere Bezugspersonen Bedeutung haben können. Die Mutter ist also nicht die einzige, die das Kind versorgen kann. Daraus wird klar, dass der Vater für die emotionale Versorgung nicht weniger wichtig ist als die Mutter. Väter werden in vielen Kliniken heute mit herangezogen, wenn es bei der Geburt Komplikationen gibt. Das Baby wird dem Papa auf die Brust gelegt, damit es sofort einen emotionalen und körperlichen Bezug bekommt. Diese Kinder haben in der Regel von Anfang an eine starke Bindung an den Vater.

**Beispiel:**

*Ich hatte vor einigen Jahren eine kleine Patientin. Sie kam im Alter von etwa 8 Monaten zu mir – mit Papa. Nennen wir sie Maja. Sie war ein Frühchen und hatte einen schweren Herzfehler, der operiert werden musste. Der Mama ging es nach der Geburt sehr schlecht und sie war nicht in der Lage sich um ihr Baby zu kümmern. Es war der Papa, der auf der Frühcheninensivstation Maja stundenlang auf der Brust liegen hatte. Er hatte sich unbezahlten Urlaub genommen und kümmerte sich ausschließlich um Kind und Mama. Es folgten noch weitere Operationen und immer war es der Vater, der die schwierigen Zeiten auffing. Heute ist Maja schon ein Schulkind, sie ist sehr zart, aber sie hat das psychisch gut verarbeitet, weil sie bedingungslos von ihrem Vater begleitet wurde. Sie konnte im Lauf der Zeit auch eine gute Beziehung zur Mutter entwickeln, aber ihre Stabilität hat sie ihrem Vater zu verdanken.*

Die *psychologische Wichtigkeit* des Vaters für das Kind wird hier deutlich. Das kann natürlich für die eine Mutter entlastend sein, die andere fühlt sich nicht mehr wichtig genug. Es sind nicht nur die Männer, die sich da selber ein Bein stellen. Viele Frauen haben den Anspruch, dass sie alleine oder besser wüssten was für das Kind gut ist. Damit drängen sie den Vater an den Rand. Da kann die Gefahr entstehen, dass sich ein Mann sein Bedürfnis nach Liebe und Verständnis außerhalb der Partnerschaft befriedigt. Das ist jedoch für seine Partnerin, in dieser oft emotional labilen Zeit, eine immense Verletzung. Diese Reaktion geschieht bei Männern, die nicht gelernt haben es mal auszuhalten, dass die eigenen Bedürfnisse für eine Weile nicht erfüllt werden. Sie fühlen sich zutiefst verletzt und zurück gewiesen. Das kann der Anfang vom Ende sein.

Eine andere Reaktion ist, wenn der Mann sich in dieser Situation nicht wichtig genug fühlt, dass er sich völlig mit Arbeit zuschüttet und für die Familie nicht mehr greifbar ist. Es ist nur noch der „Existenzsicherer". Die Frau ist dagegen nur noch für Kinder, Haushalt, Gefühle zuständig. Dann lebt jeder in einer vollkommen anderen Welt und oft driften sie irgendwann so auseinander, dass sich die Partner verlieren.

Es gibt ein relativ einfaches Rezept gegen diese Verhaltensmuster! All diese „Missverständnisse" entstehen durch unsere eigene Geschichte und Prägungen. Deshalb fühlen wir uns so schnell in unserem Ego verletzt und reagieren entsprechend. Genau dieses Bewusstsein wäre für die meisten Paare wichtig, denn dann ist die Zeit der Schwangerschaft – aber auch die danach – eine tolle Chance in den Spiegel zu schauen. Somit könnten wir alle uns selber und unsere Partner besser verstehen. Viele Konflikte könnten damit vermieden werden und wir würden es uns und unseren Kindern leichter machen. Ein feinfühliges miteinander umgehen ist sicher nicht immer einfach.

Der Alltag verändert sich grundlegend! Aber auch die Nächte! Nachdem die frischgebackenen Eltern langsam in die neue Rolle eingefunden haben, taucht die Frage auf: „wo bleiben wir als Paar – da war doch mal was?" Nehmen Sie sich Zeit für einander! Zärtlichkeit und Sexualität dürfen nicht verloren gehen!

Ebenso wichtig ist ein liebevolles Verständnis füreinander. Wenn die Väter wieder ihrem Beruf nachgehen, dann freut sich Mama schon auf sein Nachhausekommen, damit sie dann mal das Kind abgeben kann. Schichtwechsel! Der Vater ist aber gestresst und kaputt, würde gerne erstmal für 10 Minuten die Füße hochlegen und eine Tasse Tee trinken. Er denkt: „Sie war den ganzen Tag zuhause und kann machen was sie will. Das bisschen Stillen und der Haushalt, hoffentlich hat sie was Gutes gekocht, hab Hunger!" Sie denkt: „Er war den ganzen Tag im Büro, ruhiger Job, kann zwischendurch mit Kollegen quatschen, jetzt brauch ich ne Entlastung!" Dieser neue Alltag ist für Beide ungewohnt. Es gilt jetzt dies zu verstehen und sich gegenseitig anzuerkennen. Weder ein Tag mit einem Baby, noch ein Tag im Büro sind wirklich entspannend. Da tut es gut sich mal in den anderen hinein zu versetzen und nach einer entlastenden Lösung zu suchen.

## Die Bedeutung des Vaters für die Entwicklung des Kindes

Väter sollten nicht nur die Rolle haben, für die Mütter einzuspringen, wenn sie mal müde sind und schlafen wollen oder alleine ausgehen möchten. Väter haben eine ganz wichtige Bedeutung!

Die Dyade Mutter-Kind hat immer die Tendenz zu eng und ausschließlich, oft symbiontisch zu werden. Das ist nicht gesund! Ein wirklich präsenter Vater relativiert dies indem er seine ganz eigene Beziehung zum Kind hat. Das lockert die zu enge Bindung an die Mutter. So lernt das Kind sich nach 2 Seiten zu orientieren, es lernt sich zu entscheiden, bei wem krieg ich was. Das hilft dem Kind in seiner autonomen Entwicklung und nicht in einer Fixierung stecken zu bleiben.

Dies ist mein Aufruf an die Väter:
*Ihr seid nicht nur zur Entlastung Eurer Frauen da! Bringt Euch ein, mischt mit, bringt Eure Fähigkeiten mit dem Kind umzugehen in diese Dreierbeziehung ein!*

Aber damit nicht genug. Jedes Kind braucht zur Entwicklung seiner Geschlechtsidentität sowohl die Mutter als auch den Vater (*Jellouschek*, 1996). Der Vater ist wichtig für die Entwicklung des Kindes auch schon vor dem 3. Lebensjahr!

Kinder brauchen eine sichere Beziehung zu beiden Elternteilen. In der modernen Psychologie nennt man das eine Triade – das ist ein Beziehungssystem zwischen drei Menschen. In der ersten Zeit zwischen dem ersten und dritten Lebensjahr geht es um den langsamen Lösungsprozess von der Mutter. Für die „Krisensituationen", die bei diesem Prozess auftreten, braucht das Kleinkind bestenfalls den Vater um festzustellen, dass es auch hier seinen Halt bekommt. Der Vater zeigt dem Kind außerhalb des gewohnten Mutterdunstkreises, andere, neue Dinge zu entdecken. Dies hilft ihm neugierig zu werden auf Mehr. In dieser Triade geht es um Orientierung und Identifikation, um den wichtigen Rückhalt zum Vertrauten und dem Mut Neues auszuprobieren.

Im Leben des Mädchens ist der Vater der erste Mann, der eine besondere Bedeutung hat. Mit ihm lernt sie für ihr späteres Leben mit Männern umzugehen, zu fühlen und sich zu verhalten. Ebenso baut sie dadurch ihr weibliches Selbstbild auf. War der Vater präsent, liebevoll, zugewandt, interessiert oder war er eher nicht da, unbedeutend etc.? Wenn die Resonanz des Vaters fehlt, dann fühlt sich das Mädchen in seinem Frauwerden und Frausein nicht vollwertig, nicht bestätigt. Die Prägung des zukünftigen Männerbildes eines Mädchens hängt also stark von der jeweiligen Präsenz des Vaters ab.

Im Leben des Buben ist der Vater das erste Wesen gleichen Geschlechtes. Also ein Vorbild was den Selbstwert des Jungen angeht oder dieses Selbstwertgefühl bekommt keine Unterstützung weil er zuviel Kritik oder Ablehnung erfährt. Ist sein Vater verständnisvoll, zugewandt, liebevoll, interessiert oder abwertend, überfordernd, konkurrierend oder gar nicht „da"? Er wird sich so entwickeln wie er sich durch seinen Vater wahrnimmt. Wie er später als Mann und Vater sein wird hängt sehr stark von seiner Vaterbeziehung ab.

In seinem Buch „kleine Jungs – große Not. Wie wir ihnen Halt geben" schreibt der Kinder- und Familientherapeut *Wolfgang Bergmann,* über die juvenile Entwicklung von Buben. Er beschreibt kleine Jungs im Alter von zwei, drei Jahren, die mit sich selbst nicht zurechtkommen. Sie haben sich selbst nicht lieben gelernt. Wenn sie sich an ihre Väter wenden und dann abgelehnt werden, so hat das schlimme Folgen. Ebenso schwierig ist es, wenn Väter in den ersten drei Lebensjahren des Kindes aus der Familie verschwinden – aus welchen Gründen auch immer. Das Kind ist verletzt und dann noch verlassen. So wird aus einem schwierigen kleinen Kind ein oft verhaltensgestörtes. Aber auch in der Pubertät spielt das noch einmal eine besondere Rolle. Es kommt hier die große Veränderung, körperlich, hormonell, seelisch und sozial. In dieser Zeit ist der Vater besonders wichtig. In der von der langjährig gültigen Lehrmeinung der Psychologie und Soziologie bestätigten Meinung, dass die Mutter die wichtigste Rolle für die kindliche Entwicklung einnimmt, sind die Väter schlichtweg in ihre Schattenrolle verdrängt worden.

Ich glaube, dass über die Bedeutung der Präsenz von Vätern auch heute noch zu wenig gewusst wird. Nicht nur für das Heranwachsen und die individuelle Entwicklung der Kinder spielen Väter eine große Rolle, sondern auch für die lebendige Beziehung der Eltern untereinander. Frauen fühlen sich schnell alleine gelassen, wenn Männer als Väter wenig greifbar sind, was schnell zu Paarkonflikten führt. Wenn jedoch ein Vater sich für sein Kind engagiert und seine Freude am gemeinsamen Kind zeigt, fühlt auch die Mutter sich bestätigt, was die gemeinsame Liebe stärkt. Beide ziehen am gleichen Strang! Das ist eine Tatsache die es leichter macht mit dem Alltagsstress umzugehen, weil dadurch ein konfliktfreies Leben möglich wird. In der Regel sind engagierte Väter für ihre Frauen die attraktiveren Männer! Vater sein zu dürfen ist ein großes Glück!

# Wenn Babys zu viel weinen

Warum weinen manche Babys mehr als andere? Jedes Kind hat natürlich „bessere" und „schlechtere" Tage, die meisten weinen, wenn sie Hunger, nasse Windeln oder Blähungen haben. All diese Gründe sind meist relativ schnell mit den entsprechenden Maßnahmen und vor allen mit körperlicher Nähe und Zuwendung zu beheben. Ein Säugling schreit im Schnitt etwa 1½ bis 2 Stunden pro Tag (*Brazelton*, 1945). Am stärksten ist dies bis zu 8 Wochen, danach nimmt das Schreien allmählich ab. Babys von einfachen Kulturvölkern weinen im Allgemeinen noch weniger.

Aber wie viele Babys schreien stundenlang? Und wie viele schrecken immer wieder aus dem Schlaf auf, schreien panikartig und sind kaum zu beruhigen?

Fallbeispiel
Ein einjähriger Junge litt unter massiven Schlafstörungen. Er konnte nicht einschlafen, brüllte wie am Spieß sobald man ihn ins Bettchen legen wollte. Er wurde solange getragen bis er auf dem Arm endlich einschlief. Wenn die Eltern Glück hatten, wachte er beim Hinlegen nicht auf. Die Mutter war schon ganz verzweifelt. Als Ursache hierfür fanden wir mit Hilfe der **Psychokinesiologie** (bzw. dem Zellheilungsprozess, den ich vor fast 20 Jahren entwickelt habe) ein Ereignis im letzten Drittel der Schwangerschaft, in der sich die Mutter bei ihren eigenen Eltern sehr ungeliebt und verlassen gefühlt hat. Nach der Behandlung hörten die Schlafstörungen nach kurzer Zeit auf.

Viele Eltern sind da verständlicher Weise beunruhigt und vor allem nach einiger Zeit mit den Nerven am Ende. Sie versuchen alles. Stundenlanges Tragen, Schaukeln, Fliegergriff, auf dem Gymnastikball wippen bis es Eltern oder Kind schlecht ist, Schnuller, Tropfen, Teefläschchen, Singen – ja sogar nachts ins Auto packen und 10 Mal um die Häuser fahren. Mütter von Schreikindern empfinden alle möglichen Gefühle. Angefangen von Angst, Sorge, Erschöpfung, Unzufriedenheit mit sich und/ oder dem Kind, Verwirrung bis hin zu Rachsucht, Wut und Aggression gegenüber dem Baby. Es ist daher durchaus nachzuvollziehen, dass Schreibabys eher misshandelt werden als sogenannte „normale" Säuglinge. In einer Studie von 1968 (*Weston*) wird berichtet, dass 80% der Eltern von geschlagenen Kindern, wegen des andauernden Schreiens aggressiv geworden seien.

Der lakonische Rat vieler Kinderärzte lautet: „Das wächst sich aus, da müssen Sie durch!" Natürlich hört es irgendwann auf. Aber wie übersteht man die Zeit dazwischen? Vor allem Mamas, die das erste Kind haben, müssen sich tausend wohlgemeinte „Ratschläge" anhören: „Lass das Kind doch schreien, das stärkt die Stimme!" „Du verwöhnst das Kind, wenn Du immer gleich rennst!" und so weiter.

All das ist aber keine wirkliche Hilfe, denn wir verstehen dadurch unser Kind nicht besser. Ich erlebe täglich in meiner Praxis, dass die Eltern, die mit Schreibabys zu mir kommen, wesentlich erleichtert sind, wenn ich dabei helfe ihr Kind besser zu verstehen. Schon allein diese Tatsache lässt sie ruhiger reagieren, was sich sofort auf das Verhalten des Säuglings auswirkt. Die Unsicherheit und die Angst oder sogar Wut spürt das Baby und fühlt sich noch schlechter und lässt es noch heftiger reagieren. So wird alles noch schlimmer.

**Ein Baby, das viel weint, hat immer einen Grund!** Ein gesundes und zufriedenes Kind äußert durch Weinen seine

Bedürfnisse und manchmal hat es einfach schlechte Laune - genau wie ein Erwachsener auch. Aber das sind nicht die Schreibabys.

Ein wirkliches Schreibaby ruft um Hilfe. Das Kind hat Schmerzen, psychisch oder physisch. Schon ein ungeborenes Kind erlebt seelischen Schmerz wie z.B. extreme Streitereien der Eltern, Trennung, Tod. Ungeborene erfahren Abtreibungsversuche, Fruchtwasseruntersuchungen, Unfälle, Naturkatastrophen, Kriegsereignisse absolut traumatisch. Bei all diesen Erfahrungen kann das Kind bereits das Gefühl von Überforderung, Angst, Verlassenheit, Abwehr, Enttäuschung etc. empfinden. Aus der modernsten Traumaforschung wissen wir auch, dass durch ein und dasselbe Ereignis ein ungeborenes Kind und ein Säugling bis etwa 8 Monate eine wesentlich stärkere Traumatisierung erfährt wie zu einem späteren Zeitpunkt. Es ist inzwischen bekannt, dass Ungeborene und Babys ganz genau wahrnehmen, was um sie herum geschieht.

Bei vielen Kindern liegt die Ursache auch direkt bei der Geburt. Entweder eine sehr lange dauernde, schwierige Geburt, Steckenbleiben im Geburtskanal, Nabelschnur um den Hals, Saugglockengeburten, Zangeneingriffe oder Kaiserschnitt, etc.

Ebenso ist die Zeit direkt nach der Geburt maßgeblich, z.B. sofortige Trennung von der Mutter aus irgendwelchen Gründen oder Untersuchungen des Neugeborenen etc.

Es kann auch sein, dass ein Baby physische Schmerzen hat oder ein Unwohlsein durch Spannungen im Körper, die nach der Geburt auftreten können - das weiß jeder Osteopath!

**Ein Säugling, der weint, kann nicht verwöhnt werden!** Dieses Kind braucht Körperkontakt, Zuwendung, Geduld und

Gehaltenwerden – nicht beruhigen um jeden Preis. Denn das Kind hat ein Recht auf seine Tränen! Es hat ein Recht darauf seine Trauer, Angst oder Wut auszudrücken. Wir als Eltern bekommen dadurch ein Geschenk – nämlich mit dem Kind gemeinsam durch etwas zu gehen. Das kann die Grundlage einer liebevollen, von Verständnis geprägten Beziehung sein. Meistens scheitert das jedoch daran, dass die Eltern die Tränen der Kinder nicht aushalten. Viele Eltern frage ich: „Wie ist es denn mit den eigenen Tränen? Erlauben Sie sich denn Ihren Schmerz?" Manchmal habe ich fast das Gefühl als würde manch ein Baby die ungeweinten Tränen der Mutter oder auch des Vaters weinen. Viele Eltern werden wütend, weil sie „alles" getan haben und nichts hilft, Schuldgefühle und Hilflosigkeit entstehen. Es ist wichtig auch mit den Eltern Mitgefühl zu haben und ihnen dabei zu helfen ihr Kind besser zu verstehen.

Ich kann mich gut an eine Situation erinnern, als mein Ältester 7 Monate alt war. Er schrie die ganze Nacht bis ich um 4 Uhr morgens völlig entnervt in der Kinderklinik anrief. Sie meinten: „Kommen Sie vorbei". Ich packe mein Kind ein, nach einer halben Stunde Autofahrt komme ich mit einem selig schlafenden Buben an und höre: „Schon wieder so eine hysterische Mutter!".

Fallbeispiel

Meiner Tochter ist in ihrer Praxis Folgendes passiert: Sie hatte eine schwangere Patientin therapeutisch bis zur Geburt betreut. Zum vereinbarten Termin nach der Geburt kam sie nicht und rief völlig verzweifelt an, dass das Kind permanent weint und schrecklichen Durchfall hat. Daraufhin ging diese junge Frau mit ihrem Neugeborenen in die Klinik. Das Baby musste sofort infundiert werden, da es schon an Flüssigkeitsmangel litt. Die Ursache des Durchfalls konnte nicht gefunden werden, so hat man noch Beruhigungsmittel verabreicht. Es wurde alles etwas besser, aber nicht wirklich.

Natürlich weint ein Baby weniger, wenn es sediert ist und auch der Durchfall wird weniger wenn er nervlich bedingt ist. Die Mutter wurde entlassen mit dem Hinweis: das Kind ist trotzig! Meine Tochter machte gleich nach dem Heimkommen einen Hausbesuch. Sie fand sowohl eine weinende Mama vor als auch ein wimmerndes Kind. „Leg dich erstmal ins Bett, ich schau eine Stunde nach dem Kind." Meinte sie zur Mutter. Zuerst trug sie das kleine Mädchen eine Weile auf dem Arm, das zusehends ruhiger wurde, weil meine Tochter ruhig war. Es fiel ihr jedoch auf, dass das Kind unter starker Spannung stand und den Kopf schief hielt. Sie fing an die Kleine zu behandeln und fand heraus, dass sie eine massive Atlasblockade hatte, die den Nervus Vagus (Verdauung) extrem beeinflusste. Diese war leicht zu beheben. Fast im selben Moment ließ der kleine Körper völlig los und die Maus schlief friedlich ein. Als sie nach einer Stunde der Mama das entspannte Kind in die Arme legte, flossen wieder Tränen – Tränen der Freude!
Der Durchfall hörte daraufhin auf und die junge Dame gedeiht prächtig.

Dieses Baby hatte sehr wohl einen Grund zu weinen: der Nervus Vagus war überreizt – was auch Bauchweh macht, es war in einer Fehlhaltung, wahrscheinlich hatte es sogar Schmerzen im Nacken – trotzig war es ganz sicher nicht!

Sehr oft habe ich erlebt, dass sich die gesamte Situation bessert, wenn die Eltern verstehen, was in ihren Kindern abläuft. Die Spannung, die ständig da ist, weil man nicht weiß, was das Kind hat, was man vielleicht falsch gemacht hat etc. wird wesentlich geringer und das wirkt sich auf alle Beteiligten aus. Vor allem halte ich es für ausgesprochen wichtig, die Eltern in die Behandlungen mit ein zu beziehen, teilhaben zu lassen. Oft ist es wichtiger die Mütter in irgendeiner Form zu behandeln.

Vielen Müttern geht es nach einer Entbindung miserabel und meinen sie müssten trotzdem die Starken spielen – zuerst das Kind – dann ich. Nur eine Mama, der es gut geht kann die Nerven für ein Baby haben.

Für die Persönlichkeitsentwicklung eines Kindes ist es positiv, wenn wir als Eltern uns der Krise des Kindes und meist auch der damit zusammenhängenden eigenen stellen. Natürlich nervt uns das Geschrei, wir sind beunruhigt. Aber wenn Eltern wissen – mein Baby hat dieses oder jenes Problem, dann fällt es leichter damit umzugehen. Es gibt keine Patentrezepte, aber wenn wir diesem kleinen Wesen zeigen, dass wir da sind, es auch lieben, wenn es schreit und uns seinen Schmerz zeigt, es aushalten – dann kann Heilung geschehen. Sehr häufig bauen Säuglinge auch Stress über das Weinen ab. Je mehr wir wirklich „da" sind, umso mehr entwickelt das Baby sein „Selbstbewusstsein". Es bekommt Vertrauen in sich selbst und fühlt sich in seinen Reaktionen und Gefühlen angenommen.

Wenn die Krisen der Kleinen herunter- oder überspielt werden, dann fühlt sich so ein kleiner Mensch gleich am Anfang seines Lebens nicht ernst genommen. Dieses Kind lernt ganz schnell Krisen zu vermeiden, weil es gar nicht erst die Fähigkeit entwickeln durfte damit umzugehen, sich zu äußern. Es wächst ein Mensch heran, der nicht belastbar, nicht konfliktfähig sein wird und es kann sehr leicht eine Abhängigkeit von Beruhigungsmitteln und -verfahren entstehen. Das kann sich später in Form von Essstörungen, Suchtverhalten, Beziehungsabhängigkeiten, Unfähigkeit Entscheidungen zu treffen, etc. zeigen. Viele Menschen haben dadurch gelernt Vermeidungsstrategien zu entwickeln, die ihnen selbst schaden und vor allem auch jeglicher Art von Beziehung. Wenn ich dauernd auf der Hut bin, dass ich nicht verletzt werde, dann bin ich auch für den jeweiligen Partner schwierig. Konflikte, Trennungen, Rückzug sind vorprogrammiert.

Babys gewöhnen sich schnell an Ablenkungs- und Hilfsmittel. Natürlich ist ein ruhiges Baby bequemer, also nehmen viele Eltern in Kauf stundenlang auf dem Gymnastikball auf und ab zu hüpfen, bis man selber völlig durchgeschüttelt ist oder ganz schnell den Schnuller reinschieben oder halbstündlich stillen oder ...

Ein Baby wird Schritt für Schritt seine Krise bewältigen, wenn es spürt, dass seine Eltern die Ruhe haben seinen Schmerz zu begleiten und auszuhalten, mit ihm sprechen, es im Arm halten, es trösten. So erfährt es die Geborgenheit aus der heraus es sich entwickeln und sein Trauma heilen kann.

Das Halten ist etwas ganz Grundlegendes für Körper, Geist und Seele. Nicht nur für die ganz Kleinen – auch für uns Erwachsene. Etwas was in unserer Gesellschaft wenig Platz hat. Inzwischen bekommt dieses Halten wieder mehr Raum auch in verschiedenen Psychotherapien. Noch vor ein paar Jahren, als ich an einer Heilpraktikerschule Psychotherapie unterrichtete, habe ich mir einen ordentlichen „Rüffler" eingehandelt, als ich zugegeben habe, manchmal Patienten in den Arm zu nehmen, damit sie sich so ausweinen können. „Patienten berührt man nicht!" musste ich mir anhören. Inzwischen hat sich vieles verändert, vor allem auch bei der Arbeit mit Babys und Kindern, u.a. die Festhaltetherapie von *Irina Prekop*.

Ein Mensch, der gehalten wird, fühlt sich in seinen Gefühlen und Empfindungen geachtet, er fühlt sich angenommen in seinem Schmerz und geborgen. Oft ist es erst durch das Halten eines Menschen – ganz egal ob groß oder klein – möglich Schmerz zu äußern. Tränen befreien! Ich habe immer wieder Patienten, die jahrelang über etwas Schmerzhaftes nicht gesprochen und nicht geweint haben. Wie befreiend, wenn man seinen Schmerz *fühlen* darf! Erst dann kann er auch heilen.

Wenn dies nicht geschieht, dann wird dieser Mensch mit ziemlicher Sicherheit das Muster entwickeln nur ja keine Fehler machen zu wollen, denn Fehler bedeuten nicht verstanden zu werden, Ablehnung, Strafe, Liebesentzug etc....

Wenn wir Fehler vermeiden wollen, dann immer deshalb weil unser Unterbewusstsein auf einer tiefen Ebene meint es ginge ums Überleben. Denn wenn sich Muster in dieser frühen Zeit bilden, dann sind diese besonders lebensprägend, weil unser Nervensystem noch keine Grautöne kennt. So beginnen wir im tiefsten Inneren mit Vermeidungsstrategien. Wir versuchen negative *Konsequenzen* zu vermeiden. Unser Gehirn hat eine Kapazität von ca. 400 Milliarden Rechenschritten in kürzester Zeit. Also scannt es alle möglichen negativen Konsequenzen, das heißt es simuliert! Innerhalb von Sekunden beschließen wir dies oder jenes nicht zu tun, zu sagen etc. Es geht hier nie um **echte** Fehler, jedoch hat unser Unterbewusstsein das so abgespeichert. Das hat jedoch prägende Auswirkungen auf das spätere Leben. Wenn wir uns z.B. in einer Partnerschaft, Freundschaft oder auch beruflich so verhalten, wie wir meinen, dass unser Partner, ein Freund oder der Arbeitgebern das möchte, schießen wir uns ins Aus und leben nicht wirklich unser eigenes Leben.

Erlauben Sie Ihrem Baby zu weinen, seinen Schmerz, seine Angst, seine Not oder seinen Stress auszudrücken – es ist nicht einfach das auszuhalten. Aber denken Sie daran, welche Befreiung das für Ihr Kind bedeutet.

Das sichere Gehaltenwerden am Lebensanfang hat zusätzlich eine besondere Bedeutung. Während der Schwangerschaft war das Ungeborene sicher im Bauch der Mutter gehalten, deshalb sind die Körpernähe und das Halten gerade am Lebensanfang so wichtig. Ein Kind das alle Liebe, Nähe und Wärme bekommt, die es wirklich braucht, löst sich leichter Schritt für Schritt von der Mutter als ein Kind, das ständig um Zuwendung kämpfen muss. Ein Säugling, der das Gefühl von Sicherheit erfahren darf, entwickelt innere Kraft und Selbstvertrauen. Schon in den ersten Lebenswochen entwickelt ein Mensch einen großen Teil seiner Persönlichkeitsstruktur, je nachdem, wie er in diesem Leben angenommen wird. Wenn ein so kleines Menschlein nicht nur körperlich, sondern auch seelisch „gehalten" und in seinem Sein anerkannt wird, dann ist das eine gute Grundlage für sein späteres Leben.

Babys wollen sich spüren. Dazu brauchen sie eine sichere Umgebung in der sie sich orientieren können, Ordnung und eine Kontinuität der sie betreuenden Personen. Ein kleiner Mensch definiert sich über sein Umfeld. Er muss lernen zu orten, mit seinem Umfeld vertraut zu werden, Reaktionen einzuschätzen. Deshalb ist es hilfreich zuerst einmal möglichst in der gewohnten Umgebung zu bleiben, nicht viel „herum zu reisen" und vor allem nicht zu viele Personen an das Kind heran zu lassen. Die meisten Schreikinder haben sogenannte „Grenzprobleme". Deshalb müssen sie erst einmal wenige Grenzen sicher wahrnehmen können. Die erste und wichtigste Grenze ist der eigene Körper.

Zu den schlimmsten Grenzüberschreitungen kommt es, wenn ein Baby gleich nach der Geburt von der Mutter aus medizinischen Gründen getrennt wird. Maßnahmen, wie Blutabnehmen, Beatmen, eventuell lebensrettende Operationen sind natürlich medizinisch gerechtfertigt, aber so ein kleines Wesen versteht das nicht. Es fühlt sich verlassen, hilflos ausgeliefert und voller Panik. Sein gesamtes Nervensystem wird extrem überreizt und deshalb braucht es auch meistens relativ lange, wenn alles vorbei ist, bis so ein Kind aus einem fast chronisch gewordenen Panikzustand wieder herausfindet. Dann kommt es nach Hause und alle finden das Baby so süß! Es wird von viel zu vielen Fremden angefasst, aus dem Bettchen genommen, geküsst etc. Fremde sind für das Neugeborene auch Verwandte, Omas, Opas, Tanten etc. deren Stimme ihnen aus der Schwangerschaft nicht vertraut ist. Möchten Sie das?

Eine Mutter kam mit ihren Zwillingen – zwei Mädchen, zweieiig – im Alter von 2½ Jahren zu mir. Eigentlich kam sie wegen einer der Beiden. Die Zwei sind vollkommen unterschiedlich. Tina, ganz zart und blond, Alexandra kräftig und dunkel. Die kleinere Zarte hing ständig an der Mutter und war die Muntere. Das andere Mädel wirkte ruhig, hielt ziemlich großen Abstand zur Mutter und hatte sehr traurige Augen. Während der Anamnese konnte ich das Verhalten der Beiden gut beobachten. Die Mutter erzählte mir, dass das erste Kind – die Zarte – normal geboren wurde, die Zweite durch einen Notkaiserschnitt. Sie wurde auf Grund ihrer schlechten Werte in ein anders Krankenhaus auf die Säuglingsintensivstation gebracht, also hier eine ganz schlimme, aber in unserer Medizin übliche Trennung von der Mutter und vor allem der Schwester! Tina war zwar von Anfang an bei der Mama, wollte jedoch nicht trinken, sie wurde mit Magensonde ernährt bis die Schwester endlich nach Hause kam – dann trank sie und nahm auch zu. Die Mutter machte sich große Sorgen um Alexandra, da sie angeblich in ihrer motorischen Entwicklung zu langsam war. Ich untersuchte Alexandra, behandelte sie mit Craniosacraltherapie und konnte rein körperlich nichts finden. Auf Grund der vorausgegangenen Befunderhebung bat ich die Mutter zu einer Sitzung Psychokinesiologie/Zellheilungsprozess mit Alexandra zu kommen. Bei dieser Behandlung stellte sich heraus, dass in der Schwangerschaft bei einem großen Ultraschall bei genau diesem Mädchen die Verdachtsdiagnose einer geistigen und körperlichen Behinderung gestellt wurde. Diese hat sich dann nicht erhärtet, aber die Angst hatte sich bei der Mutter eingeprägt. Zu all dem kam dann die komplizierte Geburt mit der langen Trennung – 2 Wochen – von Mutter und Schwester hinzu. Dies alles trug zu den extrem traurigen Augen des Kindes bei, zu ihrer langsamen Art und das Wichtigste – dem Kontakt zur Mutter. In der Behandlung mit dem Zellheilungsprozess zeigte sich, dass sie sich von der Mutter ungeliebt fühlte, weil sie „weg" musste.

Zwei Wochen nach der Behandlung rief die Mutter an, dass Alexandra inzwischen zum Schmusen kommt, lebendiger ist und immer weniger traurig schaut.

Es ist unglaublich, wie vielen Grenzüberschreitungen so ein kleiner Mensch einfach ausgeliefert ist. Natürlich geschieht das nicht aus Bosheit oder schlechter Absicht heraus, sondern leider aus dem Unwissen der Menschen, die das Kind um sich hat. Viel zu viele, die nette Nachbarin, die Freundin, etc. – fassen das Kind an, ohne es anzusprechen und zu fragen. Lachen sie nicht! Probieren sie es aus! Sie werden eine Antwort erhalten. Sicher nicht so wie ein Erwachsener das tut, aber sie werden ein ja oder nein erhalten. Ein traumatisiertes Kind braucht in erster Linie die Berührungen der Eltern. Erklären sie das ihren Freunden und Verwandten und lassen sie sich nicht von irgendwelchen Bemerkungen aus ihrem Konzept bringen! Riskieren sie notfalls beleidigte Verwandte oder Freunde – stehen sie zu ihrem Kind!

Gerade bei diesen Kindern ist ein großes Bedürfnis nach Berührung da, dass ein ständiger Körperkontakt nötig ist. Aber meist nur von den Müttern und Vätern. Es kommen viele Mütter zu mir in die Sprechstunde, die sich beklagen, dass sie ihr Kind nicht ablegen können, dass sie nicht einmal auf die Toilette gehen oder sich duschen können. Eine gute Möglichkeit ist es die Kinder mit einer besonderen Wickeltechnik in einem Tuch am Körper zu tragen, wie viele Naturvölker das tun. Viele Mamas können das aber aus verschiedenen Gründen nicht. Ebenso ist es sinnvoll den Säugling eng in eine Decke zu wickeln. So erfährt er Wärme, Halt und Geborgenheit. Gerade ein Baby, das eine traumatische Erfahrung hinter sich hat, braucht das besonders, da es die ungewohnte Weite und Bewegungsfreiheit nicht einschätzen kann. War es im Mutterleib doch so schön kuschelig und eng und warm! Und wieder geht es hier um das Erfahren der eigenen Grenzen. So kann es immer mehr lernen seinen Körper außerhalb des Mutterleibes wahrzunehmen und langsam seine Bewegungsfreiheit immer mehr auszuloten. In den ersten 4 bis 5 Wochen ist dies eines der Hilfsmittel mit sogenannten Schreikindern umzugehen. Lassen sie sich dabei von ihrer Hebamme beraten, sie kann ihnen zeigen, wie sie ihr Baby richtig einwickeln.

Auch Koliken könne eine Ursache von exzessivem Schreien sein. Diese können unterschiedliche Ursachen haben. Manche Babys haben im Bereich des Verdauungstraktes Spannungen, die mit einigen wenigen viszeralen Behandlungen (Arbeit mit den Eingeweiden) gelöst werden. Manche Kinder haben eine Kuhmilchunverträglichkeit. Selbst Stillbabys reagieren dann, wenn die Mutter Kuhmilch zu sich genommen hat. Zu einer echten Kuhmilchunverträglichkeit oder sogar Allergie gehören allerdings auch noch Symptome wie starke Hautreaktionen, Laufnase, Untergewicht etc. Man kann dann die Mutter oder das Flaschenkind z.B. auf Reismilch, Sojamilch oder Ziegenmilch umstellen. Auch einige andere Nahrungsmittel können bei Stillkindern zu starken Blähungen führen. Sehr häufig sind das Schokolade, Eier, Kohl, Blumenkohl, Broccoli, Spargel,

Zwiebeln, Nüsse, Erdbeeren, Trauben, Weißmehlprodukte, Kaffee und Alkohol.

Manchmal findet man aber keinen offensichtlichen Grund für das Schreien eines Babys. Normalerweise lasse ich mir immer die Geschichte der Schwangerschaft, der Geburt und die Gefühle der Mutter schildern. Wenn hier für mich nichts Auffälliges zu entdecken ist, so empfehle ich den Eltern eine Sitzung mit einem Psychokinesiologen. So kann man sehr schnell herausfinden, was die Ursache des Schreiens ist. Dann kann man gezielt mit dem Kind arbeiten.

Fallbeispiel

Eine Mutter brachte ihren neun Monate alten Sohn zu mir. Seit zwei Monaten schlief er nicht länger als zwei Stunden am Stück. Hier habe ich mit dem Zellheilungsprozess gearbeitet. Die psychische Ursache hierfür, so stellte sich während der Sitzungen heraus, war der Schock, den die Presswehen der Mutter und die Zangengeburt bei ihm ausgelöst hatten. Am Ende der Behandlung war er sehr ruhig und schlief auf den Armen der Mutter ein. Bei der nächsten craniosacralen Behandlung durchlebte er nochmals seine Geburt und schläft seit dem die Nächte fast durch.

# Craniosacral – die sanfte Therapie

## Woher kommt sie und was ist das?

Die **Craniosacral-Behandlung** gehört zur **Osteopathie**, einer Form der manuellen Therapie. Die Ursprünge stammen aus der klassischen Osteopathie. *Dr. Andrew Taylor Still* (1828-1917) machte den Anfang. Er hat sich auf die Osteopathie im Bereich des Schädels spezialisiert. Er führte die Wissenschaft der Osteopathie 1874 nach langjähriger Forschung ein und gründete die erste Schule der Osteopathie in Kirksville/Missouri. Er sagte: *„Die Wissenschaft der Osteopathie umfasst das Wissen der Philosophie, Anatomie und Physiologie des gesamten Körpers und die klinische Anwendung dieses Wissens, sowohl bei Diagnose als auch bei der Behandlung."* Das war damals revolutionär.

*William Garner Sutherland* war Schüler dieser ersten Schule, der *American School of Osteopathy*. Er verbrachte ca. 30 Jahre damit, die genauen anatomischen und physiologischen Beziehungen des craniosacralen Mechanismus, so wie er ihn wahrnahm, zu untersuchen. *Dr. Still* und *Sutherland* haben wir die Grundlagen des Wissens der heutigen Craniosacraltherapie zu verdanken. *Dr. Still* stellte in seinen Schriften fest: „Alle Teile des gesamten Körpers gehorchen dem einen und ewigen Gesetz von Leben und Bewegung." Damals wurde die Grundlage für eine neue Denk-, Sicht- und Behandlungsweise geschaffen. Sie geriet jedoch wieder in Vergessenheit. Erst in den 70er Jahren wurde dieser Ansatz von *Dr. John Upledger* wieder aufgegriffen, weiter erforscht und wissenschaftlich belegt. Viele weitere Osteopathen entwickelten die Craniosacraltherapie weiter und brachte neue Denkanstöße dazu. Die Craniosacraltherapie ist ein Teilbereich der „Großen

Osteopathie". Für mich ein sehr wichtiger, da die sehr sanfte, aber effektive Behandlung vor allem für Babys, Kleinkinder und Schmerzpatienten geeignet ist.

Seit etwa den 90iger Jahren hat diese Therapie bei uns in Deutschland fußgefasst und wurde stetig weiterentwickelt.

Es kamen immer neue Sichtweisen und Erkenntnisse dazu und es haben sich unterschiedliche Richtungen entwickelt. Manche Schulen sind mehr strukturell ausgerichtet, manche ganzheitlicher. Heute können wir aus dem Erfahrungsschatz dieser verschiedenen Ansätze wählen und mit vielen anderen Elementen kombinieren und zum Wohle unserer Patienten nutzen.

Was ist die Aufgabe des Therapeuten? Er „hört" dem Körper zu, nimmt Kontakt mit der Selbstheilungskraft des craniosacralen Systems auf und lässt sich vom körperlichen Empfinden des Klienten durch die Sitzung führen. Er hilft dem Patienten alle Veränderungen, die jetzt im Körper stattfinden, zu integrieren.

Das „Hören" bezieht sich auf den craniosacralen Rhythmus. Es ist mehr ein „Spüren", ein Hineinfühlen in die Tiefe eines Menschen. Ein „Spüren" in die Tiefen des Liquorflusses – Schutz und Nahrung unseres Gehirnes und Rückenmarks. Circa 150ml Liquor fließen beim Erwachsenen in einer pulsierenden Bewegung durch den Wirbelkanal, eingebettet in einer Art Hautsack. Diese Flüssigkeit, in bestimmten Strukturen im Gehirn gebildet, umfließt das Gehirn und Rückenmark und wird dann im Schädel wieder in den Blutkreislauf resorbiert. Ein geringer Teil tritt durch Ausgänge der Nervenkanälchen in das Lymphsystem. Dieser ganz eigene Puls bewirkt im ganzen Körper eine feine Bewegung, die man überall wahrnehmen kann. Es gibt hier wie beim Atemrhythmus eine Inhalationsphase (Druckanstieg bei der Bildung des Liquors) und eine sogenannte

Exhalationsphase (Drucksenkung bei der Resorption). Während des Druckanstiegs weitet sich der Körper, bei der Exhalationsphase zieht sich der Körper zusammen. Die Schädelknochen haben hierbei bestimmte Bewegungsabläufe, an denen auch die inneren Strukturen, vor allem die Gehirnhäute beteiligt sind. Beim Erwachsenen sind diese Abläufe sehr genau zu erfühlen, beim Neugeborenen und bei Säuglingen ist der Schädel noch sehr weich und die Bewegungsmuster sind hier noch nicht so genau zu erkennen.

Durch behutsame indirekte und direkte Arbeit am Bindegewebe, den Membranen, der Wirbelsäule und den Schädelknochen werden Blockaden dieses Systems wahrgenommen und gleichzeitig behandelt. Alle körperlichen und seelischen Verletzungen sind im Bindegewebe gespeichert. Der besonders dafür ausgebildete Therapeut kann durch seine feinfühlige Arbeit spontanen Zugang zu den tiefgehenden Erinnerungen des Patienten finden. Die alten Traumata können aufgearbeitet und aus dem Körper entlassen werden. Damit werden Blockaden gelöst. Der Patient befindet sich in einem entspanntem Zustand. Dies fördert den Selbstheilungsprozess. Das craniosacrale System wird so wieder in Balance gebracht und die Energie kann im Körper wieder ungehindert fließen.

Zum **Craniosacralen System** gehören zunächst die Hirnhäute (Membranen), die das Gehirn umgeben und unterteilen, die Gehirnkammern mit ihren Strukturen sowie die Membranen, die als **Duralsack** das Rückenmark umgeben (*Dura* = äußere feste Hirnhaut). Der Liquor, die Gehirn- und Rückenmarksflüssigkeit, fließt in feinen Bahnen und Kanälen zwischen diesen Membranen, die das gesamte Zentralnervensystem schützend umgeben. Im Kopf (*Cranium*) sind diese Membranen mit den Schädelknochen verbunden, während der Duralsack im Wirbelkanal nur oben am 2./3. Halswirbel und unten am Kreuzbein

(*Sacrum*) aufgehängt ist und dadurch frei schwingen kann. Der Liquor schützt also das Zentralnervensystem vor Erschütterungen und dient gleichzeitig als Nährflüssigkeit für Gehirn und Rückenmark.

Die Bildung dieser Flüssigkeit erfolgt zentral im Schädel an bestimmten Stellen der Gehirnkammern. Der dabei aufgebaute Druck lässt den Liquor durch das gesamte System innerhalb der Membranen strömen und durch feine Strukturen unter der Schädeldecke wieder in den venösen Blutkreislauf zurücksikkern. Die feingesteuerte periodische Bildung und Resorption des Liquors, der damit erzeugte Aufbau und Abfall des Drucks beim Füllen und Leeren des Systems, zeigt sich nach außen in einem fühlbaren Puls, dem craniosacralen Rhythmus.

Durch diesen **Craniosacralen Puls** dehnt sich der Schädel mit einer Frequenz von 6 bis 12 Mal pro Minute aus und zieht sich wieder zusammen. Das lässt die Schädelknochen feingeordnete Bewegungen ausführen, der Bewegungsradius beträgt etwa 0,6 bis 1,2 mm. Durch die Ausbreitung der Flüssigkeit im Duralsack streckt sich die Wirbelsäule sanft und die so entstehende Bewegung des Kreuzbeins überträgt sich auf das Becken. Aus dem Inneren des Körpers breitet sich der Puls über das Bindegewebe auf den gesamten Körper aus und ist damit überall spürbar, ähnlich dem Herzschlag und dem Atemrhythmus.

Durch behutsame indirekte Arbeit am Bindegewebe, den Membranen und den Schädelknochen werden Blockaden dieses Systems wahrgenommen und gleichzeitig behandelt. Da im Bindegewebe alte Verletzungen – sowohl körperliche als auch seelische – gespeichert sind, können wir durch diese feinfühlige therapeutische Arbeit spontanen Zugang zu wichtigen tiefgehenden Erinnerungen finden. Alte Traumata können verarbeitet, aus dem Körper entlassen und Blockierungen damit aufgelöst werden. Das craniosacrale System wird so wieder in Balance gebracht.

Durch den indirekten Kontakt mit dem zentralen Nervensystem wirkt die Behandlung auf der körperlichen und psychischen Ebene. Sie ist damit effizienter, als die nur auf der körperlichen Ebene wirkende, rein symptomatisch manipulative Therapie.

Die craniosacrale Arbeit eignet sich zur therapeutischen Begleitung vieler Erkrankungen körperlicher und seelischer Art. Unterschiedliche Beschwerden können damit gezielt in ihrer Heilung unterstützt werden wie: Kopf- und Rückenschmerzen, Bandscheibenvorfälle, Migräne, Sehstörungen, Lernschwierigkeiten, Gehirnerschütterungen, Nachbehandlung von Schädel- und anderen Unfalltraumata oder Operationen, Dysfunktion des Kiefergelenks, Unterstützung von Kieferregulationen, emotionale Traumata, Stress, Depression und viele Symptome, die in Verbindung mit dem zentralen Nervensystem stehen. Hier hat sich diese Therapieform als sehr effizient erwiesen.

Besonders wegen der großen Bandbreite ihrer Einsatzmöglichkeit hat die craniosacrale Osteopathie in der letzten Zeit auch bei vielen Ärzten Anerkennung gefunden. Es hat sich als vorteilhaft herausgestellt, dass im klinisch-medizinischen Alltag die Patienten an nichtärztliche Behandler weiter empfohlen werden.

Seit vielen Jahren arbeite ich mit Orthopäden, Zahnärzten, Kieferorthopäden und Kinderärzten zusammen. Was mir besonders viel Freude macht, ist das Behandeln von Schwangeren, Babys in Geburtslage zu bringen und die nachgeburtliche Kontrolle von Säuglingen (z.B. Schwallerbrechen, Druck auf Bereiche des

Stammhirnes, Beckenschiefstellung etc.), ebenso die Kontrolle des Beckens der Mütter nach der Geburt.

## Unerfüllter Kinderwunsch

In meiner Praxis zeigt sich oft das Thema des unerfüllten Kinderwunsches. Meist zeigt sich schon während des ersten Gesprächs, dass Stress eine große Rolle spielt. In unserer Gesellschaft ist der Leistungsdruck sehr hoch, d.h. die Frauen stehen beruflich unter Druck, einige treiben extrem viel Sport und stehen dann noch unter dem Stress schwanger werden zu müssen. Je länger das dann nicht klappt umso größer wird der Leistungsdruck und dann wird alles ausprobiert. Die Partner leiden mit und oft ist dadurch schon so manche Beziehung zerbrochen.

Mit Hilfe der Craniosacraltherapie können wir auf eine sanfte Art und Weise in den Stresskreislauf eingreifen.

1. Durch die Behandlung beruhigt sich das zentrale Nervensystem.

2. Die Arbeit mit dem gesamten Becken (Hüftgelenke, Lumbosacralgelenk, Iliosacralegelenke) verbessert die freie Beweglichkeit.

3. Es wird evtl. durch zusätzliche myofasziale Arbeit mit den Ligamenten, Gebärmutterbändern und den Muskelfaszien für eine ausgeglichene Spannung im Bauch und Becken gesorgt.

4. Die Geschlechtsorgane (Gebärmutter, Eierstöcke, Eileiter), aber auch Blase und ableitende Harnwege, werden dadurch besser durchblutet, die Funktion dadurch verbessert ebenso die Mobilität (Beweglichkeit) und Motilität (Eigenbeweglichkeit) der Organe.

5. Das Hormonsystem wird durch entsprechende Schädelarbeit (Keilbeinarbeit/Hypothalamus und Hypophyse) angeregt und unterstützt.

Dadurch kann die Empfängnisbereitschaft verbessert werden.

Ebenso sollte in diesem Zusammenhang auch immer die Situation des Mannes angeschaut werden. Auch hier trägt die Craniosacraltherapie dazu bei z.B. bei Impotenz oder zu wenig Lustempfinden einen positiven Einfluss über das zentrale Nervensystem zu nehmen.

Dennoch muss natürlich beidseits eine hormonelle Abklärung stattfinden. Auch alte Vernarbungen (OP oder Abtreibung) sind eine Möglichkeit, warum sich z.B. kein Ei einnisten kann. Eine große Rolle spielt auch immer die jeweilige psychische Verfassung der einzelnen Partner. Es kann unbewusste emotionale Themen geben, die einer Schwangerschaft im Wege stehen. Da ist es hilfreich eine(n) Craniosacraltherapeut(in)en zu haben, die/der auch psychotherapeutisch geschult ist oder einen entsprechenden Therapeuten aufzusuchen.

Bei allen tollen Erfolgen, die ich schon mit Cranio und allen anderen Möglichkeiten schwanger zu werden, gesehen habe ist es mir wichtig zu sagen:

**Ein Kind ist immer ein Geschenk und kann nicht erzwungen werden!**

# In der Schwangerschaft

In meiner Praxis begleiten wir mit unserem Team viele schwangere Frauen durch ihre Schwangerschaft. Es ist gerade in der Schwangerschaft wichtig Stress zu reduzieren und Sicherheit zu schaffen. Stresshormone gelangen ins Fruchtwasser, z.B. je mehr Cortisol im Blut der Mutter nachzuweisen ist, umso mehr ist auch im Fruchtwasser und das Ungeborene ist schon gestresst.

Die Craniosacraltherapie trägt wesentlich zu körperlichem und seelischem Wohlbefinden bei. Es wird darauf geachtet, dass Beckenboden, Muskeln und Beckenorgane frei und beweglich sind. Dysfunktionen werden wahrgenommen und ausgeglichen. Die Arbeit mit den Mutterbändern spielt eine wichtige Rolle, da es bei asymmetrischer Spannung zu einer schmerzhaften Wirkung auf das Kreuzbein führen kann. Durch die hormonelle Veränderung in der Schwangerschaft wird das Bindegewebe aufgelockert und die Strukturen, die z.B. normalerweise das Becken halten, werden instabil. Dazu ist es notwendig Muskeln und Bänder zu entspannen und in ein neues Gleichgewicht zu bringen. Das hilft auch dabei das Becken für die Geburt vorzubereiten.

Das sich verändernde Körperbewusstsein der Schwangeren wird unterstützt und vertieft. Im Verlauf der Schwangerschaft wird auch zum Ungeborenen Kontakt aufgebaut und es wird schon in gewisser Weise mitbehandelt. Das Kind kann sich meist in einem entspannten Becken auch gut in die Geburtslage einfinden. Es gab auch schon einige Fälle, in denen es möglich war, das Baby kurz vor der Geburt noch dazu zu bewegen sich „richtig" herrum zu drehen.

## Warum Craniosacraltherapie mit Babys?

Während meiner langjährigen Arbeit mit der craniosacralen Körpertherapie und Elementen aus der Traumatherapie (nach *Peter Levine*) bin ich immer wieder in meinem tiefsten Inneren berührt, wenn ich mit Babys und Kindern arbeiten darf und die Eltern in die Behandlung miteinbeziehe. Es ist oft unglaublich wie schnell diese sanfte osteopathische Therapie ihre Wirkung auf den unterschiedlichsten Ebenen zeigt.

Oft geht es darum strukturelle Probleme oder Fehlstellungen beim Neugeborenen oder Säugling frühzeitig zu erkennen und erfolgreich zu behandeln.

Durch die Lage im Mutterleib oder durch die Geburt ist sehr häufig das Köpfchen verformt, ebenso kann davon die Wirbelsäule oder das Becken betroffen sein. Vor allem, wenn die Geburt schwierig war, können diese Verformungen zu starken Spannungen führen, die angefangen vom Unwohlsein bis hin zum Schmerz gehen. Der natürliche Selbstregulationsmechanismus eines Neugeborenen reicht oft nicht aus, um seine Körperstruktur in Balance zu bringen. Viele der im Anschluss geschilderten Symptome werden oft nicht als so schwerwiegend beurteilt oder nicht in Verbindung mit einem traumatischen Erlebnis gesehen. Diese Beschwerden *wachsen sich nicht aus*!

Es ist besser, ein Neugeborenes nach ein paar Tagen vorsorglich zu untersuchen und wenn nötig zu behandeln, als später sagen zu müssen: „Hätte ich doch ... !" Oft sind diese Dinge am Anfang noch relativ leicht und mit wenigen Sitzungen zu beheben. Je älter ein Kind wird desto schwieriger wird eine Behandlung. 1- bis 3-jährige Kinder gehören oft zu den schwierigeren kleinen Patienten, weil sie nicht einsehen wollen, dass man an ihnen „herumarbeitet". Später lassen sich die Kinder zwar wieder besser behandeln, jedoch sind strukturelle Fehlstellungen schwieriger zu beheben, da der Körper dann schon fester in seiner Struktur ist.

Im Vergleich zu anderen Therapiearten, wie z.B. Krankengymnastik, Bobath, Voita sind die Craniosacraltherapie und die Traumatherapie in ihrer Sanftheit und Effektivität bei den Babys faszinierend. Bei dieser einfühlsamen Therapieform wird eine Wiederverletzung oder Retraumatisierung vermieden. Wirkliche Heilung wird dadurch möglich. Die Kombination aus Craniosacraltherapie und Traumatherapie bietet den sanften Weg aus körperlichem und psychischem Schmerz. Oft weiß ich nicht, ob es an der vertrauensvollen Beziehung zwischen Eltern, Kind und Therapeuten liegt oder an der feinen Wahrnehmung und Reaktion der Kleinen, dass die Selbstheilungskräfte meist so schnell und tiefgreifend aktiv werden.

Säuglinge, die viele sogenannte Grenzüberschreitungen erfahren haben, sprechen gut und schnell auf diese Art der Behandlung an.

Ein gut ausgebildeter Craniosacraltherapeut hat gelernt, respektvoll zu arbeiten und so kann auch ein traumatisiertes Baby relativ schnell einen vertrauensvollen Kontakt aufbauen. Dieser ist wichtig für den Therapieverlauf. Wenn ein Baby schon mit Panikgeschrei und Widerwillen therapiert wird, so ist die Behandlung nur halb so effektiv. Natürlich kommt es vor, dass ein kleiner Patient noch einmal durch schlimme Erinnerungen geht und schreit oder weint, aber das hat eine andere Qualität und dient dem Abbau von traumatischem Geschehen.

Der große Unterschied zwischen der Craniosacraltherapie, der klassischen Osteopathie und anderen, rein strukturellen Babytherapien ist der, dass wir nicht sofort die Struktur in Ordnung bringen, sondern, dass wir erst eine Basis schaffen auf der Veränderung geschehen kann. So wird auf respektvolle Weise geholfen einen Weg aus belastenden Situationen zu finden und gleichzeitig Selbstheilungs- und Lebenskräfte wieder ins Gleichgewicht zu bringen.

In der Craniosacraltherapie arbeiten wir mit dem Bewusstsein, dass wir mit unseren Händen nie allein den Körper, sondern auch die Seele eines Menschen berühren. Der Mensch ist nun einmal eine Einheit aus Körper, Geist und Seele. Der erwachsene Patient schleicht sich oft aus dieser Einheit, weil er bewusst oder unbewusst Angst vor der Konfrontation mit sich selbst oder seinen Problemen hat. Das Baby tut das nicht. Ihm ist noch nicht der analytische Verstand im Weg. Es reagiert vertrauensvoll auf die ihm angenehme Berührung, den Augenkontakt und die Stimme. Letztlich beruht die Behandlung in erster Linie auf einer tiefen Kommunikation zwischen dem Behandler und dem Kind. Vielleicht klingt das ein wenig hochtrabend, aber ich habe oft das Gefühl unsere Seelen berühren sich, wenn ich mit einem kleinen Patienten arbeite.

Kein Kind lässt sich eine Behandlung aufzwingen. Wenn ich als Therapeut ein Kind nicht erreiche, dann wird es die Behandlung verweigern.

# Der Geburtsprozess und seine Auswirkungen auf das craniosacrale System

Die ersten Dysfunktionen können bereits im Uterus entstehen, meist in der letzten Phase der Schwangerschaft.

**Ursachen:**
- ▷ Zwillings- oder Mehrlingsschwangerschaft
- ▷ Zu kleiner Uterus
- ▷ Verdrehung des mütterlichen Beckens
- ▷ Zu enges mütterliches Becken
- ▷ Im Verhältnis zu großer Kopf des Fötus
- ▷ Vorzeitiger Eintritt in den Geburtskanal

In der Zeit des Geburtsvorganges wird der gesamt Körper des Babys zusammengedrückt und gequetscht. Der Schädel wird so zusammen gepresst, dass sich einzelne Schädelplatten übereinander schieben. Es kommt zu einer Überlappung. Erst dadurch passt der Kopf durch den Geburtskanal. Diese Verformungen regulieren sich meist in den nächsten drei bis vier Tagen von selbst wieder.

Für den Fötus ändert sich schlagartig sein gewohntes Milieu. Er verlässt den Mutterleib, der ihm die bisherige Geborgenheit gegeben hat, es ist plötzlich hell, der Temperaturunterschied ist meistens groß (außer bei Wassergeburten), die Schwerkraft macht ihm zu schaffen, die Geräusche sind ungedämmt, er muss selbst atmen und er muss beginnen selbst Nahrung zu sich zu nehmen. Das ist ein ganz natürlicher Vorgang, mit dem ein normales Baby unter normalen Bedingungen gut zurechtkommt. Unter normalen Geburtsbedingungen ist ein Baby dazu in der Lage die Form seines Schädels selbst wieder in Ordnung zu bringen. Der Schädel eines Babys zum Zeitpunkt der Geburt ist weich und verformbar. Die einzelnen Schädelknochen haben einen Knochenkern und außen herum Knorpel. Zwischen den einzelnen Schädelknochen sind die Nähte noch breiter und auch die Fontanellen lassen genügend Raum für Formung.

Es kommt auch auf die Lage des Fötus an, wie weit sich die Knochenplatten übereinander schieben. Der Knochen auf den der Druck am größten ist, schiebt sich *unter* die daneben liegende Schädelplatte. Wenn sich diese Stellung der Schädelknochen nicht von selbst auflöst, kann es im Extremfall zu **spastischen Zuständen, Krämpfen** oder Schmerzempfinden kommen. Oft lösen sich diese Fehlstellungen beim Trinken, durch die Saugbewegung oder durch Schreien.

Durch den bei der Geburt ausgeübten Druck des mütterlichen Beckens kann der davon betroffene Schädelknochen abflachen. Bei zu lange anhaltendem Druck auf das Köpfchen des Babys im Geburtskanal kann eine Kegelform entstehen. Wenn der Fötus ins kleine Becken eintritt um seine Lage möglichst günstig anzupassen, werden alle betroffenen Gewebe (Schädelknochen, Gehirnhäute und verbindende Gewebefasern zwischen den Schädelknochen) in die entsprechende Richtung angepasst. So können schon Knochendeformierungen und Zerrungen im Gehirnhautsystem entstehen.

Das Hinterhaupt des Säuglings liegt bei der Geburt normalerweise unter dem Schambein. Das Hinterhaupt besteht zu diesem Zeitpunkt noch aus 4 Anteilen. Ist der Druck für das Köpfchen zu stark, so wird sich der Durchmesser des Hinterhauptsloches (*Foramen magnum*) verkleinern, ebenso weitere Durchtrittsstellen von Nerven und zu- und ableitenden Blutgefäßen. Wenn dieser Druck auch noch asymmetrisch wirkt, so werden sich vor allem Beeinträchtigungen der Muskeln und Faszien im Bereich des Hinterhauptes zeigen, in der Blutversorgung des

Gehirnes, im Stammhirn, den Pyramidenbahnen und in den Gelenken von Hinterhauptsbein und oberstem Halswirbel. Ebenfalls betroffen ist die Schädelbasis mit ihren Öffnungen, d.h. die Austrittsstellen der Hirnnerven.

Es sind also nicht nur die äußeren Schädelstrukturen betroffen, sondern auch die inneren, d.h. die Gehirnhäute, das Gehirn und die Gehirn- und Rückenmarksflüssigkeit. Das bedeutet, dass auch die Wirbelsäule, das Becken und letztlich das gesamte Nervensystem einer großen Belastung ausgesetzt sind. Wobei ich immer wieder betonen möchte, dass dies alles ein ganz natürlicher physiologischer Vorgang ist, den schon unendlich viele Geschöpfe gut hinter sich gebracht haben!

Störungen in diesen besonders empfindlichen Bereichen können sich zeigen in Form von:
▷ Schreien
▷ Schluckstörungen
▷ Trinkstörungen (zu hastig, nur einseitig, zu wenig Saugreflex)
▷ Verdauungsprobleme
▷ Unruhezustände
▷ Zu starke Spannung im Körper (hyperton)
▷ Zu wenig Spannung im Körper (hypoton)

Die Craniosacraltherapie ist eine wunderbare Möglichkeit, die Selbstheilungskräfte auf sanfte Art wirkungsvoll zu mobilisieren.

*„Jede Verzerrung am Muskelskelettsystem des Neugeborenen kann langanhaltende Probleme bringen. Diese Dysfunktionen direkt nach der Geburt zu erkennen und zu behandeln, ist eine der wichtigsten Phasen der präventiven Medizin."*

Viola Frymann (Trauma of birth)

# Welche Symptome kann man mit der Craniosacraltherapie behandeln?

**1. Verformung des Köpfchens:**

> ▷ Durch eine zu lange einseitige Lage im Mutterleib am Ende der Schwangerschaft
>
> ▷ Steckenbleiben im Geburtskanal
>
> ▷ Saugglocke (eventuell auch Bluterguss, im Extremfall Kephalhämatom)
>
> ▷ Zangengeburt

Meist haben diese Kinder Spannungsempfinden im Kopf oder sogar Schmerz. Es kann sich auch in Verdauungsproblemen, evtl. Blähungskoliken äußern, wenn der **Nervus Vagus**, der auch für die Verdauung zuständig ist, durch die Schädelkompression betroffen ist. Einer der wichtigsten Knochen ist das Hinterhauptsbein. In diesem Knochen befindet sich ein großes Loch, das sogenannte Hinterhauptsloch (*Foramen magnum*). Durch diese Öffnung tritt das Rückenmark in den Wirbelkanal aus. Am Anfang unseres Lebens besteht dieser Knochen noch aus 4 Teilen und es ist besonders wichtig die Form dieses Knochens auszugleichen.

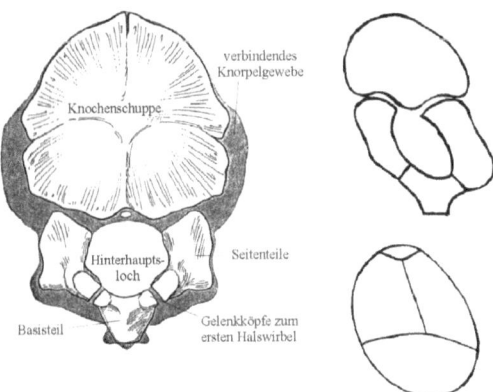

Abb: Hinterhauptsbein zum Zeitpunkt der Geburt

Die kleine Alina war viereinhalb Monate alt, als sie zu mir in die Praxis kam. Alina weinte und tobte. Man konnte sie kaum hinlegen. Sie wollte fast nur auf dem Bauch von Mutter oder Vater schlafen. Verständlich, dass die Nerven der Eltern blank lagen. Der Vater ging wieder seiner Arbeit nach, aber dazu musste er auch schlafen. Alina war eine Saugglockengeburt. Sie hatte nach der Geburt einen großen Bluterguss am Kopf. Alinas Köpfchen war nach wie vor sehr deformiert und extrem berührungsempfindlich. Im Bereich der Gehirnhäute gab es große Spannungen. Bevor ich sie berühren konnte, riss sie mir fast panisch die Hände weg. So begann ich mit ihr zu reden und sie zu beruhigen. Nach einer Weile durfte ich ihren Körper berühren. Während ich mit ihr arbeitete, entspannte sie sich zusehends unter meinen Händen. Nach einer halben Stunde konnte ich das erste Mal ihren Kopf berühren, erst einmal nur halten. Dabei beließ ich es. Alina schlief nach der Behandlung sechs Stunden in ihrem eigenen Bett durch. Danach ging es allerdings weiter wie bisher.

Bei der nächsten Behandlung – eine Woche später – durfte ich gleich mit ihrem Kopf arbeiten, ich hatte sogar das Gefühl, als würde sie ihn mir richtig in die Hände drücken. Wir haben noch fünf Behandlungen gebraucht, bis die Spannungen im Kopf abgebaut waren. Von Behandlung zu Behandlung schlief das Kind besser und entwickelte sich zu einem normalen, ausgeglichenen Baby. Danach wurden im Abstand von vier bis sechs Wochen weitere Behandlungen zur Regulation der Schädelknochen ausgeführt. Im Alter von eineinhalb Jahren war Alinas Köpfchen völlig ausgeglichen.

Jakob, fünf Wochen alt, hatte Krampfanfälle. Ich wurde von der Mutter angerufen und in die Klinik gebeten. Nach einem interessanten Gespräch mit den Neurologen durfte ich das Kind behandeln. Jakob war gut entwickelt, ein freundliches

Baby. Sein Kopf hatte jedoch eine eigenartige Form, einen sogenannten Plagiocephalus. Die Stirn ist rechts stark abgeflacht, ebenso der Hinterkopf auf der linken Seite. Bei der manuellen Untersuchung stelle ich eine Rechtstorsion und eine Abkippung der Schädelbasis (Keilbein) nach rechts fest, sowie eine Fixierung beider Schläfenbeine. Die Geburt ist normal verlaufen. Bei der Frage nach der Schwangerschaft finde ich dann die möglichen Ursachen. Schon die Zeugung war wohl nicht schön. Denn die Eltern fühlten sich beruflich und mit der um ein Jahr älteren Tochter überfordert. Die Mutter musste gegen Ende der Schwangerschaft viel liegen und das Baby hatte sich ihrer Aussage nach, lange in einer unveränderten Lage befunden.

Klinisch konnte man bei Jakob kein direktes Herdgeschehen finden, auf das die Anfälle zurückzuführen waren. Man stellte jedoch fest, dass sein Stirnbein rechts und das angrenzende Scheitelbein vorzeitig verknöchert waren. Jakob hatte trotz entsprechender Medikamente Krampfanfälle. Nach zweimaliger Arbeit mit den Schädelknochen ließen diese merklich nach und ab der vierten Behandlung waren sie völlig verschwunden. Auch die Kopfform hatte sich wesentlich verbessert. Die Eltern ließen Jakob jedoch auf Anraten eines Neurochirurgen doch noch operieren. Hier wäre eine Behandlung postoperativ dringend nötig gewesen, leider haben sich die Eltern nicht mehr gemeldet.

Krampfanfälle unklarer Herkunft können folgende Ursachen haben: viele dieser Kinder haben in irgendeiner Form eine verschobene, verdrehte oder abgekippte Schädelbasis mit Beteiligung der Schläfenbeine, eventuell ist auch eine atlanto-occipitale Blockade zu finden. Dadurch entsteht eine enorme Spannung in den Gehirnhäuten. Bei Änderung der Spannungsverhältnisse in den Gehirnhäuten kann ein Krampfanfall auftreten. Diese

Krampfanfälle können sich sehr unterschiedlich äußern, angefangen von Atemstillstand bis hin zu BNS-Krämpfen (Blitz-Nick-Salaam-Krämpfe). Bei allen Kindern mit Krampfanfällen ohne bekannten Fokus, bis auf eines, sind nach der Korrektur der Schädelknochen und der entsprechenden Begleitung durch Traumaarbeit die Anfälle verschwunden. Ich möchte jedoch noch einmal darauf hinweisen, dass es sich um Krampfanfälle ohne bekannten Fokus handelt. Bei Kindern, die unter Krampfanfällen mit bekanntem Fokus leiden, lohnt sich ebenfalls eine Behandlung mit der Craniosacraltherapie. Die Zusammenarbeit mit dem behandelnden Arzt ist wünschenswert.

Aber nicht nur die Form der Schädelknochen spielt eine große Rolle, sondern auch die Stellung. Wenn das Hinterhauptsbein verdreht ist, so kann der oberste Halswirbel nie gerade sein und er gibt der Wirbelsäule eine falsche Information für ihr Wachstum und Ausrichtung. Dies führt oft zu einer Skoliose oder bewirkt andere Verformungen der Wirbelsäule.

Das Schwallerbrechen der sogenannten Spuckkinder kommt meist von einem durch die Geburt zu stark zusammengedrücktes Hinterhauptsloch und die damit verbundene Reizung des Brechzentrums bei bestimmten Bewegungen.

Verformungen am Schädel eines Babys können große Auswirkungen auf die gesamte Entwicklung des Kindes haben. Je schneller man diesen Babys helfen kann, desto besser für Kind und Mutter. Manchmal sind die Verformungen so stark, dass es sinnvoll ist eine Helmbehandlung durchzuführen und begleitend craniosacraltherapeutisch zu behandeln. Oft ist dann die Dauer der Helmbehandlung deutlich kürzer.

## 2. Wirbelsäule – Schäden und Verformungen:
### a) Halswirbelsäule

- ▷ Auch hier wieder durch die Lage im Mutterleib
- ▷ Geburt in extremen Lagen
- ▷ Zangengeburt

Durch den Geburtsvorgang ist die Halswirbelsäule einem ziemlich hohen Verletzungsrisiko ausgesetzt. Die Kleinen haben den Kopf nur oder hauptsächlich nur auf eine Seite gedreht. Sie haben Spannung im Nacken- und Halsbereich. Auf einer Seite sind die Muskeln verkürzt, auf der anderen oft schon überdehnt. Alle diese Kinder haben auf mindestens einer Seite eine Muskelschwäche. Wenn diese Nackendrehung extrem ist, können die Säuglinge nur an einer Seite der Mutterbrust trinken. Sie werden hektisch beim Saugen, wenn sie auf der „verkehrten" Seite trinken sollen, schlucken dann viel Luft oder schreien und verweigern sogar das Trinken auf einer Seite. Sie biegen sich beim Schreien nach hinten durch (*Opisthotonus*) und sind schlecht zu beruhigen. Es entsteht dadurch eine starke Spannung in den Gehirnhäuten, die sich von alleine nicht löst.

Die Ursache eines **Schiefhalses** kann auch an einer Kompression des obersten Halswirbels (Atlas) und dem Hinterhauptsbeines (*Occiput*) liegen, meist kommt noch eine Verdrehung des Atlaswirbels dazu. Man spricht hier auch oft vom sogenannten **KISS-Syndrom**, das heißt: **Kopfgelenk-Induzierte-Symmetrie-Störung**. In extremen, äußerst seltenen Fällen kann das sogar lebensbedrohlich werden.

Inzwischen wissen wir, dass Säuglinge, die unter einer atlantooccipitalen Blockierung leiden, auch oft allergische Reaktionen haben.

Es fällt auf, dass die Kinder später im Schulalter und als Jugendliche oft Koordinationsstörungen und Lernschwierigkeiten haben. Manche von diesen Kindern gelten als hyperaktiv. Hyperaktivität kann jedoch vielfältige Ursachen haben. Diese Kinder finden bei richtiger Therapie meist aus ihrer Haltungsasymmetrie heraus. Die größte Chance auf Erfolg besteht, wenn Kinder mit Haltungsfehlern schon im Babyalter behandelt werden.

Alexander kam zu mir, als er vier Jahre alt war. Der kleine Kerl hatte den Kopf völlig schief nach rechts gekippt. Er musste diese extreme Fehlstellung nun schon vier Jahre ertragen. In dieser Zeit hat sich das Skelett eines Kindes soweit gefestigt, dass man eine Fehlhaltung in diesem Ausmaß mit Craniosacraltherapie nicht mehr korrigieren kann. In so einem Fall kann man mit der Fehlspannung arbeiten, auch myofasziale Arbeit ist hier sehr hilfreich. Eine vollkommene Wirbelsäulenausrichtung kann nicht mehr erreicht werden. Es ist daher wichtig, so früh wie möglich mit solchen Symptomen zu arbeiten. Am besten innerhalb des ersten halben Jahres!

Beachtung verdient auch der Schultergürtel. Normalerweise sind der Schultergürtel und der Brustkorb eines Säuglings weich und beweglich und passen sich hervorragend an den Geburtsvorgang an. Liegt das Baby ungünstig im Becken oder die Schulterbreite ist größer als der Kopfumfang (oft bei Kindern diabetischer Mütter), so kann es mit der Schulter hängen bleiben. Es kann zu einer sogenannten *Schulterdystokie* kommen. Dies ist ein unvorhersehbarer, geburtshilflicher Notfall, der ein sofortiges Handeln notwendig macht, da es fast gleichzeitig zu einem Sauerstoffmangel beim Kind kommt, weil das Baby versucht die starke Spannung im Hals, die durch die starke Drehung des Kopfes zum Rumpf (oft 90°) entsteht, auszugleichen. Dadurch entsteht eine Stauung im venösen Zufluss zum Schädel, die den Sauerstoffmangel verursacht. Ebenso kann es zu einer einseitigen Plexuslähmung führen, d.h. die Nervenbahnen eines Armes werden geschädigt – entweder reversibel oder irreversibel. Auch kann es hier zu einer Fraktur des Schlüsselbeines kommen.

Sebastian kam 2 Wochen nach der Geburt zu mir in die Praxis. Diagnose: Schulterdystokie mit Verdacht auf Plexuslähmung rechts. Das kleine Kerlchen war soweit ganz munter und wirkte zufrieden. Wenn ich jedoch seinen rechten Arm berührte wurde er völlig hektisch. Außerdem war es sehr gut sichtbar, dass die rechte Hand schlaff war. Ich arbeitete im Abstand von 2 Wochen mit ihm. Zusätzlich bekam er Krankengymnastik. Wichtig in dieser Arbeit war vor allem auch die Arbeit mit der doch sehr beunruhigten Mutter. Ich hatte das Gefühl, dass je ruhiger und zuversichtlicher Mama wurde, umso schneller kam die Nervenfunktion zurück. Nach einem halben Jahr war von der anfänglichen Lähmung nichts mehr übrig.

Bei starken Presswehen oder beim Eingriff mit der Zange oder durch Kristellern, also starkes Drücken auf den Bauch der Mutter, kann es zu Schlüsselbeinbrüchen, zu Verformungen des Schultergürtels und des Brustkorbes mit allen dazu gehörenden Strukturen kommen.

Hier ist die Craniosacraltherapie oder die Osteopathie ein hervorragender Weg einer erfolgversprechenden Behandlung, am besten begleitet mit der geeigneten Krankengymnastik. Die sanfte Korrektur der Muskulatur, der Wirbelsäule und den umliegenden Strukturen ist für das Baby gut verträglich, die Haltung kann auf sanfte Weise ausgerichtet werden, wenn auch manchmal nicht zu 100%.

Nicht behandelte Haltungsschäden können später Kopfschmerzen bis zur Migräne auslösen. Es ist auch wichtig, die Eltern mit einzubeziehen und ihnen zu zeigen, welche Übungen sie spielerisch mit den Kindern machen können. Das gibt Müttern und Vätern dieser Kinder ein verantwortliches Gefühl und die Gewissheit, dass sie für ihre Kinder das Beste getan haben.

### b) Brustwirbelsäule

▷ Lage im Mutterleib

▷ Geburt in extremen Lagen

▷ Zangengeburt

▷ Neugeborenengelbsucht

Anouk, drei Monate alt, machte aus jedem Trinken ein großes Spektakel, indem sie sich dabei stark nach hinten durchstreckte. Bei der Behandlung mit Craniosacraltherapie stellte sich heraus, dass zwei Brustwirbel durch die Geburt blockiert waren. Es war nicht möglich, ihre Beinchen zum Bauch zu bringen. Diese einfache Bewegung führt man aus, wenn Babys Blähungen haben. Anouk konnte sich einfach nicht „rund" machen. Man konnte es ihr nachfühlen, dass das wehtat. Nach der ersten Behandlung waren die Beschwerden komplett verschwunden, nach einer Nachbehandlung konnte ich die Eltern mit einem zufriedenen Kind nach Hause schicken.

Die Wirbelsäule ist wie der Schädel bei der Geburt besonders gefordert. Jeder einzelne Wirbel reagiert und bewegt sich dabei um sich an den Geburtskanal anzupassen. Das Baby ist in der Lage eine Verdrehung in der Brustwirbelsäule auszugleichen, wenn Halswirbelsäule, Schultergürtel und Zwerchfell in Ordnung sind. Viele sogenannte Schreibabys haben in dieser Phase ihrer Geburt die Lageänderung eines ihrer zarten Knöchelchen nicht ausgleichen können. Sie befinden sich in einem Zustand mehr oder weniger starker Spannung.

Das Zwerchfell hat einen großen Einfluss auf die Verdauung. Blockierungen in diesem Bereich wirken sich nicht nur auf die Wirbelsäule, sondern auf die Leber oder andere Organe aus. Bei der häufig auftretenden Neugeborenengelbsucht schwillt die Leber an und drückt das Zwerchfell rechts nach oben. Das Kind geht dadurch in eine Schonhaltung. Das hat eine Drehung und eine Beugung der unteren Brustwirbelsäule zur Folge. Nachdem die Leberentzündung ausgeheilt ist und die Leber wieder abgeschwollen ist, bleibt jedoch oft die Schonhaltung zurück. Diese Fehlstellung der Wirbelsäule und Blockierung im Zwerchfell wirkt sich ungünstig auf das Gesamtbefinden des Kindes aus. Durch eine Behandlung des craniosacralen Systems kann eine Normalisierung wieder erreicht werden.

### c) Lendenwirbelsäule und Becken

▷ Durch Lageproblematik im Mutterleib am Ende der Schwangerschaft
▷ Steckenbleiben im Geburtskanal
▷ Kristellern (starkes Drücken auf den Bauch der Mutter)
▷ Angeborene, erbliche Hüftproblematik

Steißlagen verursachen meist Blockierungen im Becken. Wenn ein Baby untersucht wird ist es wichtig, den gesamten Beckengürtel zu untersuchen und dabei auf die Stellung von Kreuzbein, Beckenschaufeln, Hüftgelenke und die Stellung der Füße zu achten. Oft löst sich eine Verdrehung oder Blockierung im Becken ganz von selbst, wenn das Köpfchen behandelt wurde.

Die Arbeit mit den Kleinen hat für mich einen ganz besonderen Reiz. Jedes dieser kleinen Wesen stellt einen ganz eigenen, intensiven Kontakt zu mir her, der mich immer wieder berührt. Es ist auch jedes Mal eine Herausforderung, mit jedem Kind vollkommen individuell zu arbeiten. So eine Behandlung kann zwischen 15 und 45 Minuten dauern. Es ist vorteilhaft Mutter oder Vater mit einzubeziehen. So verstehen die Eltern besser, was mit ihrem Baby geschieht. Sie entdecken dabei meist neue Aspekte in ihrer Beziehung zum Baby und lassen sich oft auch in eine Behandlung für sich selbst ein.

# Zellheilungsprozess / Psychokinesiologie
## (Stefan Bartsch / Anne Mohr-Bartsch)

Kinesiologie heißt übersetzt „Bewegungslehre". Es ist hierbei jedoch nicht nur die Bewegung des Körpers gemeint, sondern auch die Bewegung auf der psychischen und emotionellen Ebene.

Als Hauptwerkzeug bedient sich die Kinesiologie des manuell ausgeführten Muskeltests. Der Muskeltest wurde schon vor 2.000 Jahren von Hippokrates verwendet, um bei Soldaten neurologische Verletzungen zu diagnostizieren. Auch die Mayas setzten vor über 500 Jahren den Muskeltest ein, um festzustellen, ob Wasser trinkbar ist oder nicht.

In jüngerer Zeit wurde der Muskeltest von dem französischem Arzt *J. Charcot* und seinem Schüler *J. Babinsky* wiederentdeckt und somit ein fester Bestandteil der heutigen Neurologie. In den 60er Jahren griff der Amerikaner *George Goodheart* das Testverfahren wieder auf. Er beobachtete, dass sich Vorgänge innerhalb des Körpers auch im Funktionszustand der Muskeln widerspiegeln und entwickelte aus dieser Erkenntnis die Angewandte Kinesiologie. Damit steht eine einfache und einzigartige Möglichkeit zur Verfügung, Informationen über den energetischen und gesundheitlichen Zustand eines Menschen zu erhalten. Es ist ein Biofeedbacksystem, durch das Störungen in unserem Energiesystem herausgefunden werden können.

Korrekt durchgeführte Muskeltests lassen präzise Rückschlüsse auf Stressoren und deren Ursachen zu. Strukturelle, chemische und emotionale Aspekte werden dabei gleichermaßen berücksichtigt.

Beim Muskeltest übt der Behandelnde gezielten Druck auf bestimmte Muskeln (zum Beispiel Arm) des Patienten aus. Ein energetisch gut versorgter Muskel kann diesem Druck standhalten, ein energetisch „blockierter" Muskel gibt dem Druck nach.

Die Psychokinesiologie wurde von dem deutschen Arzt *Dr. med. Dietrich Klinghardt* in den USA entwickelt. Sie beschäftigt sich mittels kinesiologischer Tests mit der Psyche eines Menschen. Hierbei finden die Funktion des autonomen Nervensystems und des limbischen Systems eine besondere Berücksichtigung.

In der psychokinesiologischen Behandlung hat der Therapeut nach eingehendem Gespräch die Möglichkeit, über den Muskeltest einen Dialog mit dem Unterbewusstsein des Patienten zu führen. Dabei werden verdrängte traumatische Ereignisse, die häufig in der frühen Kindheit ihren Ursprung haben, an die Oberfläche gebracht. Diese können Ursache sowohl für körperliche als auch für psychische Symptome und Erkrankungen sein. Durch das Wiedererinnern können sich die damit verbundenen aufgestauten Gefühle des Klienten entladen und so in Verbindung mit speziellen Methoden, die in der Psychokinesiologie entwickelt wurden, Heilung auf körperlicher und psychischer Ebene geschehen.

Ein wichtiges Hilfsmittel hierbei ist das sog. Gefühlsmandala. Es handelt sich hierbei um eine Anleihe aus der Psychosomatik. Es beinhaltet die Zuordnung von Gefühlen zu bestimmten Organen.

**Hierzu drei Beispiele:**
*Magen*: Nicht Mögen, machtlos, gebrochener Wille, überlastet, überfordert, Groll, Hass, lustlos, Abneigung, Besessenheit, etwas nie verarbeiten („verdauen") können, „etwas liegt mir im Magen"

*Lunge*: Chronischer Kummer, Trauer, Sehnsucht, keine Lebenslust, unfrei, enttäuscht, verzweifelt, nicht bewältigte Trennung, „ich gehöre nicht hierher", „alles ist verboten", isoliert, keine Daseinsberechtigung

*Niere*: Angst, Schuldgefühle, machtlos, demoralisiert, egoistisch, Enttäuschung, brutal und ohne Mitleid, erschrocken, betroffen, „es geht mir an die Nieren"

Mit Hilfe des Muskeltests wird das Organ, das bei einem traumatischen Erlebnis eine wichtige Rolle spielte (z.B. rechte Niere), gesucht und das in der damaligen Situation dominante Gefühl (z.B. Angst) herausgefunden.

Sind alle wichtigen Details der traumatischen Situation bekannt, begleitet der Therapeut den Patienten in die damalige Situation. Hierbei ist es wichtig, dass der Patient die Gefühle fühlt, die damals in seinem Körper stattfinden „wollten", aber unterdrückt wurden. Gleichzeitig verwendet der Therapeut eine geeignete Entkoppelungstechnik.

Eine wichtige Rolle in der Psychokinesiologie spielen Glaubenssätze. Glaubenssätze sind durch Erfahrung gelernte Lebensweisheiten. Sie werden in Situationen gelernt, die gefährlich sind für das psychische und körperliche Überleben des Individuums. Sie entstehen meist in der Kindheit, während der Schwangerschaft, gelegentlich auch in der Jugend und im Erwachsenenalter. Diese Glaubenssätze bestimmen unser Tun, Denken, Handeln, ja unser Leben. Sie sind auf der tiefsten Ebene verantwortlich für die Qualität unseres Lebens. Das Augenmerk der Psychokinesiologie liegt auf den einschränkenden Glaubenssätzen.

Einige Beispiele: „Ich bin nicht liebenswert." „Ich bin hilflos." „Ich verdiene nicht, Geld zu haben." „Ich bin nicht gut genug." „Ich bin ein Versager." „Ich kann niemandem trauen." „Ich muss kämpfen, um zu leben." etc.

Wichtig bei der Arbeit mit einschränkenden Glaubenssätzen ist es wieder, das Ereignis zu finden, das die Ursache für das Entstehen des Glaubenssatzes (z.B. „Ich kann niemandem trauen.") darstellt und mit Hilfe geeigneter Methoden der Psychokinesiologie den einschränkenden Glaubenssatz zu löschen und durch einen befreienden (z.B. „Ich kann jetzt ausgewählten Personen trauen.") zu ersetzen.

Gefühle als Ursache von aktuellen Problemen können auch von anderen Personen übernommen worden sein. Damit ist gemeint, dass jemand die Gefühle von jemand anderem fühlt und für seine eigenen hält. Dies ist ein Vorgang, der häufig in der frühen Kindheit stattfindet, wenn ein Kind offen und voller Liebe ist. Ähnliches findet man häufig beim Familienstellen nach *Bert Hellinger*, daher lassen sich beide Methoden gut kombinieren.

Aus dieser Methode habe ich vor etwa 20 Jahren den Zellheilungsprozess entwickelt. Im Grunde läuft es ähnlich ab. Ich teste ein Symptom, ein Verhalten, dann finde ich auf die gleiche Weise das Organ, das damit in Resonanz geht und somit auch das Gefühl (chin. Medizin), das dem Ganzen zu Grunde liegt. Danach gehe ich ebenfalls mit Hilfe des Muskeltests auf der Lebenslinie zurück und suche so den Ursprung des Ganzen. Meist landet man in einer sehr frühen Zeit – z.B. in der Schwangerschaft, um die Geburt herum, Geburt oder in den ersten Lebensmonaten, denn hier liegen die tiefsten Prägungen. Dann ist es noch sehr wichtig herauszufinden, ob es das eigene oder ein übernommenes Gefühl ist. Sehr häufig übernehmen z.B. Ungeborene Gefühle – meist der Mütter. Damit muss natürlich zuerst gearbeitet werden. Erst dann kann man mit dem eigentlichen Heilungsprozess beginnen. Bei Babys, Kindern, aber manchmal auch bei Erwachsenen setze ich farbiges Licht ein, d.h. über das Testen werden maximal 3 Farbfilter herausgesucht und damit dann das jeweilige Organ ca. 2 Minuten bestrahlt. Dann wird das Organ noch einmal getestet – es muss danach stark sein. Die Erfolge sind erstaunlich!

*Lernen kann man diese Methode im Zentrum für Craniosacrale Traumatherapie.

## Warum Psychokinesiologie / Zellheilungsprozess mit Babys?

Ein besonderer Schwerpunkt meiner psychotherapeutischen Tätigkeit ist die Arbeit mit Kindern und Babys.

Früher galt die Meinung, dass neugeborene Babys im Grunde genommen blind sind, kein Farbempfinden haben, ihre Mutter nicht erkennen, einen unterentwickelten Tast- und Geschmackssinn haben und vor allem ein noch kaum entwickeltes Schmerzempfinden. Dies hatte zum Beispiel zur Folge, dass Neugeborenen brennende Silbernitratlösung zur Syphilis-Prophylaxe in die Augen getropft wurde, operative Eingriffe zum Teil ohne Schmerzbetäubung durchgeführt wurden. Vor kurzem hörte ich noch die Aussage einer Mutter, ihre Kinderärztin habe ihr gesagt, dass ein Kind bis zum dritten Lebensjahr kein funktionierendes Großhirn habe!

Heute wissen wir, dass Embryos schon während der frühen Schwangerschaft bewusste Wesen sind, die hören können und in der Lage sind, Gefühle zu erleben und diese auch als

Erinnerungen zu behalten. Auch erlebe ich in meiner Arbeit, dass sogar die Umstände der Zeugung eines Kindes gespeichert werden. Gefühle der Eltern, vor allem die der Mutter, Abtreibungsgedanken, existentielle Sorgen, traumatische Erlebnisse wie Unfälle oder schwere Krankheiten, Streit zwischen den Eltern, der Tod nahe stehender Personen und vieles mehr werden im Unterbewusstsein des Embryos gespeichert und können später im Laufe des Lebens zu Symptomen körperlicher oder psychischer Natur führen.

Ultraschallaufnahmen zeigen, dass Embryos sich bereits nach der achten bis zehnten Woche zu bewegen beginnen, ab der 30. Woche ein intensives Traumerleben haben. Sie reagieren mit Unruhe auf laute Geräusche, jede Art von bedrohlichen Situationen und sogar, wenn die Mutter erschreckende Szenen beim Fernsehen sieht. Ultraschallaufnahmen zeigen auch, dass Zwillinge im Mutterleib miteinander streiten, miteinander spielen, sich gegenseitig aufwecken, Wange an Wange spielen und sich küssen.

Ein besonders traumatisches Erlebnis ist das Sterben eines Zwillings im Mutterleib. Relativ viele Schwangerschaften beginnen als Zwillingsschwangerschaften. Aus unterschiedlichen Gründen kommt es jedoch häufig zum Verlust eines Zwillings, meist zwischen der sechsten und vierzehnten Schwangerschaftswoche. Etwa 70 Prozent aller Zwillingsschwangerschaften enden mit dem Absterben eines Zwillings. Die überlebenden Zwillinge leiden häufig unter Schuldgefühlen, mit einer Tendenz zur Selbstbestrafung, scheitern oft beruflich oder in Beziehungen, fühlen sich sehr allein, suchen ihr Leben lang nach einem Seelenpartner.

Die Geburt selbst ist wohl das wichtigste aber auch kritischste Ereignis im Leben eines Menschen. Sie entscheidet in hohem

Maße über unser Verhältnis zum Leben. Die emotionale Zuwendung der Mutter, aber auch des Vaters oder der Hebamme spielen eine sehr wichtige Rolle. Glaubenssätze wie „keiner liebt mich", „meine Mutter hat mich verlassen" entstehen häufig, wenn das Neugeborene kurz nach der Geburt auch nur für kurze Zeit von der Mutter getrennt wird. Natürlich spielen Umstände wie Kaiserschnitt, Zangen- und Saugglockengeburt, Medikamente, Beschneidung, Silbernitrat-Augentropfen nach der Geburt und Operationen ohne adäquate Narkose eine entscheidende Rolle. So weiß man inzwischen, dass Silbernitrat-Augentropfen eine häufige Ursache für Sehstörungen im Erwachsenenalter sind.

**Fallbeispiel**

Ein sechsjähriger Junge kam zu mir in die Praxis, da er schielte. Die psychische Ursache für sein Schielen war der Schock, den bei ihm der Kaiserschnitt bei der Geburt auslöste. Hierbei muss man sich versuchen vorzustellen, wie es sich für ein Baby anfühlt, wenn es quasi unvorbereitet bei einer Kaiserschnitt-Geburt auf die Welt geholt wird.

Die Besonderheit bei der psychokinesiologischen Arbeit mit Babys ist, dass man den Muskeltest nicht direkt mit ihnen durchführen kann – dies ist im Allgemeinen erst bei Kindern ab einem Alter von vier bis fünf Jahren möglich. Man benötigt also eine Person, die als Surrogat (Hilfsperson), als Verbindung zwischen dem Behandelnden und dem Baby dient. Meist bieten sich hierfür die Mütter der Kinder an. Während zum Beispiel die Mutter ihr Kind mit einer Hand berührt oder es auf dem Schoß sitzt und die Mutter ihre Aufmerksamkeit auf das zu behandelnde Symptom und das Kind lenkt, kann nun die Behandlung des Kindes über die kinesiologischen Tests an der Mutter erfolgen. Häufig geschieht es hierbei, dass sowohl bei der Mutter als auch beim behandelten Baby psychische

Wunden, die durch traumatische Erlebnisse, beispielsweise bei der Geburt des Kindes entstanden sind, heilen können.

Ein Junge, 9 Jahre alt, hatte große Schwierigkeiten in der Schule. Obwohl er zu Hause den Schulstoff gut beherrschte, versagte er regelmäßig, wenn er ihn in der Schule während einer Probe zu Papier bringen sollte. Die Ursache lag in einem Ereignis am Ende des ersten Schwangerschaftsdrittels. Seine Mutter geriet zu der Zeit einmal in eine sehr bedrohliche Situation, aus der sie glaubte, nicht heil heraus zu kommen. Damals verinnerlichte der Junge als Fötus den Glaubenssatz: „Ich schaffe es nicht." Nachdem dieser einschränkende Glaubenssatz gelöscht und durch einen stärkenden ersetzt wurde, verbesserten sich seine Schulnoten erheblich.

Eine erwachsene Patientin hatte den Glaubenssatz: Alle Männer sind gefährlich. Die Ursache hierfür lag bei ihrer Geburt. Die eigentlichen Gefühle hierbei waren enttäuschte Liebe und sich allein gelassen fühlen. Dies waren Gefühle der Mutter der Patientin, die sich von ihrem Mann allein gelassen fühlte. Sie hatte diese Gefühle als neugeborenes Baby bei ihrer Mutter gespürt und zu ihren eigenen gemacht.

Eine Mutter kam mit ihrem vierjährigen Jungen in die Praxis, der stark schielte. Im Rahmen der Behandlung stellte sich heraus, dass er im Alter von einem halben Jahr aus dem elterlichen Schlafzimmer in sein eigenes Zimmer kam. Dies empfand er damals als „Rausschmiss" und Liebesentzug. Im Laufe einiger Monate nach der Behandlung ging sein Schielen deutlich zurück.

# Faszien

Faszien sind seit einiger Zeit in aller Munde und inzwischen ein richtiger Hype. Das ist ausnahmsweise mal eine ziemlich gute Entwicklung. Bis vor kurzem waren Faszien ein Stiefkind in der Wissenschaft. Erst 2007 gab es den ersten Faszien-Kongress in Boston. In anatomischen und pathologischen Präparaten wurde dieses strukturlose, fast weiße Gewebe wegpräpariert, damit man besser an die Muskelfasern kommen konnte. Obwohl diese Struktur etwa 20 Volumenprozente des gesamten Körpers ausmacht, war bis dahin die Bedeutung der Faszie nicht bekannt. Inzwischen ist die Forschung auf diesem Gebiet schon weit fortgeschritten. Heute versuchen internationale Wissenschaftler die Bedeutung des faszialen Bindegewebes für die Entstehung von Schmerzen, die Wahrnehmung des Körpers und auch der Leistungsfähigkeit zu entschlüsseln. *Dr. Robert Schleip* ist in Deutschland der führende Faszien Forscher, er leitet an der Uni Ulm eine eigene wissenschaftliche Forschungsgruppe zu dem Thema Faszien. Er kommt selbst aus dem Bereich der Körperarbeit und arbeitete in eigener Rolfing-Praxis.

Für mich ist das Thema Faszien durch eigene Erfahrung, aber auch in meiner therapeutischen Erfahrung immer wichtiger geworden. Elemente aus der myofaszialen Arbeit verstärken und beschleunigen die Ergebnisse meiner craniosacralen Therapie. Dies gilt sowohl für Erwachsene als auch für die Behandlung von Babys und Kindern. Es ist ein Thema, das für mich immer interessanter und spannender wurde und die Ergebnisse von Behandlungen oft fast spektakulär sind. So begann ich mich immer mehr damit zu befassen und mit Hilfe eines guten Freundes, und Myofascial Release Lehrers *Herbert Battisti*, in die Materie einzuarbeiten. Jetzt ist es mir ein Bedürfnis in diesem Buch dem Thema Faszien, auch Bindegewebe genannt, ein Kapitel zu widmen. Weshalb sind Faszien so wichtig? Weil mit der Faszienarbeit, besonders mit Babys und Kindern, wie ich sie in meiner Praxis durchführe, die unglaublichsten Erfolge möglich sind. Lesen Sie weiter, was mit dieser Form der Behandlung alles möglich ist. Faszien sind faszinierend!

## Was sind Faszien und Bindegewebe?

Sie sind ein einzigartiger Baustoff, der dem gesamten Körper Struktur und Form gibt. Alle Organe sind damit umhüllt. Nach neuesten Erkenntnissen werden die Faszien inzwischen als eines unserer wichtigsten Sinnesorgane angesehen. Im faszialen Gewebe befinden sind sehr viele Sensoren. Diese leiten wiederum ihre Signale ins Gehirn weiter. Alle Bewegungen unseres Körpers werden von den Sensoren des Bindegewebes mitgesteuert. Wenn diese Funktion ausfällt fällt die Bewegung aus. Der Körper ist dann nicht mehr steuerbar.

Ich möchte Ihnen gerne vermitteln wie wichtig dieses Thema ist, damit Sie besser verstehen, wie wichtig Bewegung und vor allem eine natürliche, gesunde Bewegungsentwicklung für Ihr Kind ist. Für Sie als Erwachsener ist Faszien-Training sinnvoll, evtl. auch eine entsprechende Therapie der Faszien. Denn all das, was wir als Erwachsene auf Grund von Fehlhaltungen, schlechten Arbeitsbedingungen, zu wenig Bewegung etc. an Schmerzen entwickelt haben und erleiden müssen, hat meist nicht direkt mit der Wirbelsäule oder der Muskulatur zu tun, sondern mit Fehlspannungen in den Faszien oder Verletzungen in diesem Bereich. Schmerzen im Rücken haben oft nichts mit einem Bandscheibenvorfall oder einem Wirbelschaden zu tun und verschwinden schon oft nach einigen gezielten myofaszialen Behandlungen. Die Geschwister *Antonio* und *Carla*

*Stecco* (Wissenschaftler aus Padua) haben sich mit der Anatomie und Beschaffenheit der Faszien auseinander gesetzt. Sie und ihr Vater *Luigi Stecco* sind führend auf dem Gebiet der Faszien-Forschung. Sie fanden heraus, dass bei vielen Menschen, die unter chronischen Nackenschmerzen leiden, die Muskulatur in diesem Bereich viel dicker ist als bei gesunden Menschen.

Wenn man sich bewusst macht, dass die große Rücken**faszie** stärker von Nervenfasern durchzogen ist als der *Erektor spinae* (das ist der **Muskel**, der für unser aufrechtes Gehen zuständig ist), dann ist es leichter verständlich wie wichtig es ist mit dem Fasziengewebe zu arbeiten. Inzwischen weiß man, dass ein gezieltes Stretching der *Faszia lata* (große Rückenfaszie) eine Haltungsverbesserung bewirkt. Ebenso wirkt sich das Stretching positiv auf die Schmerzempfindlichkeit aus und vermindert Entzündungen.

## Form und Entwicklung

Für ein besseres Verständnis möchte ich zuerst auf den Aufbau der Faszien eingehen. Lassen sie sich bitte nicht von der „Wissenschaft" abschrecken – es wird Ihnen das eine oder andere Licht aufgehen.

Faszien bestehen aus den Urbausteinen des Lebens: das sind Eiweiße (Proteine) und Wasser. Ort und Körperfunktion der Faszie entscheiden über ihre genaue Zusammensetzung. Dies ist natürlich sehr vielfältig. Dennoch ist es so etwas wie ein Universalbaustoff des Körpers. Bestimmend ist ein Netz aus Fasern, das je nach Bedarf fester oder lockerer aufgebaut ist. Ebenso ist mehr oder weniger Flüssigkeit eingelagert. Immer besteht es jedoch aus den gleichen Bausteinen: wässrige Grundsubstanz, Kollagen und Elastin. Mal ist das Netz sehr dicht, zug- und reißfest, dann wieder lose und weich. Das Gewebe passt sich immer seinen Aufgaben an.

Die wässrige Grundsubstanz ist stark variabel. Hoher Flüssigkeitsanteil und geringe Fasermengen schaffen ein wässriges interzelluläres Medium, ideal für den Stoffwechsel; bei genügend Flüssigkeit und zahlreichem Faseranteil erhalten wir ein weiches, flexibles Gitter, das Haut-, Leber- oder Nervenzellen an ihrem Ort fixieren kann; wenig Flüssigkeit und zahlreiche Fasern erzeugen das zähe, faserige Material der Muskelscheiden, Sehnen und Bänder. Wenn sich Chondroblasten (knorpelproduzierende Zellen) und deren Hyalinsekrete dieser Matrix anschließen, erhöht sich die Festigkeit; in den Knochen werden die Knorpelsekrete durch Mineralsalze ersetzt, der Knochen wird steinhart.

Insgesamt könnte man das Bindegewebe in seinen unterschiedlichen Formen als eine Art Flüssigkeitskristall betrachten, der über ein großes Spektrum von Sol zu Gel angepasst werden kann.

Kollagene Fasern sind ziemlich feste Fasern, die sozusagen für unsere äußere Form zuständig sind. Sie werden auch Gerüsteiweiße oder Strukturproteine genannt. Sie bilden mit einem Anteil von ca. 30% die häufigsten Eiweiße im Körper. Sogar die Knochen werden in ihrem Ursprung aus kollagenen Fasern gebildet. In der Embryonalentwicklung wird zuerst Kollagen entwickelt, welches dann nach Bedarf Kalzium und andere Mineralien einlagert. So wird aus dem ursprünglich weichen Material ein harter Knochen. In den ersten Lebensmonaten des Embryos sind noch keine Muskeln im Körper des Ungeborenen. Aus wissenschaftlichen Studien der Embryologie wissen wir, dass es zu dieser frühen Zeit der Entwicklung nur zwei Formen der Kraftübertragung gibt: Zug und Druck. In diesem

Stadium gibt es noch keine Beugung und Streckung der Muskeln. In der Anfangszeit unseres Lebens steuern die Gene die ersten Differenzierungen in unserem Körper. Das bedeutet, dass damit unsere innere Form vorgegeben wird, die für den Rest des Lebens Bestand hat. Diese allerersten Häutchen oder Membranen bilden die Vorform unserer späteren Faszien. Sie beginnen unseren Körper einzuteilen.

Schon im dritten Lebensmonat in der Embryonalentwicklung – das Kleine ist etwa sechs Zentimeter groß – beginnt sich das Zwerchfell zu bilden und den Rumpf in Brust- und Bauchhöhle zu teilen. Hier geschieht eine klare Unterteilung zwischen den Organen, die für Herz und Lunge – also Atmung und Kreislauf zuständig sind und den Bauchorganen, die für die Verdauung verantwortlich sind.

Schon in diesem frühen Stadium ist der Urmuskel – unser Herz angelegt. Während dieses schon angelegt ist, beginnt unterhalb des Zwerchfells im späteren Bauchraum, sich der Magen zu formen. Sowohl Magen, Speiseröhre und Darm entwickeln sich aus einer winzigen Röhre, die bis zum dritten Monat für die Verdauung zuständig war. Es ist ein ziemlich bewegter Prozess, den der Magen durchlaufen muss, bis er den „richtigen" Platz im Bauchfell findet. Dies wird von unseren Genen gesteuert. Das Bauchfell ist später der Behälter für alle Bauchorgane und wird auch als Peritoneum bezeichnet. Diese sehr früh gebildete Schicht begleitet uns ein Leben lang und ist für die innere Form und den Halt der Organe verantwortlich. Zusammen mit der Bauchmuskulatur ist sie später dafür verantwortlich, dass die Organe nicht nach außen „fallen". Diese Funktion beginnt aber erst nach unserer Geburt, wenn wir mobiler werden und anfangen zu krabbeln, zu stehen und zu laufen. Deshalb ist es unter anderem so wichtig, dass Kinder ohne Einschränkungen diese Schritte durchlaufen können. Damit meine ich, das Kleinkind nicht hinsetzen bevor es selber sitzen möchte, dafür sorgen, dass sie krabbeln können und nicht in einen Laufstall gesperrt sind. Auch Laufhilfen sind nicht sinnvoll. All das behindert eine natürliche Entwicklung der vorderen und der hinteren Muskelfaszienkette sowie einen flüssigen Bewegungsablauf.

In dieser frühen Zeit der Entwicklung finden Magen, Leber, Galle und Darm ihren Platz. Gleichzeitig bilden sie eine Stütze unterhalb des Zwerchfells und sind damit eine wichtige Hilfe für unsere Aufrichtung.

Ebenso wie es eine Wirbelsäule gibt, gibt es eine Organsäule. Ohne diese könnten wir uns nicht aufrecht halten. Sie besteht aus drei Räumen. Den größten Raum nimmt das Bauchfell ein. Darunter ist der zweite mit Blase und Gebärmutter bei Frauen und bei Männern Blase und Prostata. Der dritte Raum befindet sich hinter dem Bauchfell und bettet die Nieren ein. In all diesen Räumen herrscht ein bestimmter Druck, der jedoch in den unterschiedlichen Räumen nicht gleich ist. Dieser unterschiedliche Druck ist für die Aufrichtung des Körpers enorm wichtig. Z.B. hält der Überdruck unter dem Zwerchfell unseren Körper aufrecht und unterstützt den Brustkorb.

Jedes Organ legt im Laufe der embryonalen Entwicklung seine ganz eigene Reise zurück. *Peter Schwind* beschreibt das in seinem Buch: Faszien – Gewebe des Lebens: „Die Organe hinterlassen Spuren, eine Art Eindruck in den noch sehr formbaren, sehr flüssigen „Urfaszien" des kleinen Wesens. Und vielleicht halten sich die Spuren der inneren Reise auch später noch im Körper des erwachsenen Menschen."

Es gibt zwei Wege auf denen sich Organe bewegen:

1. Mobilität, das bedeutet, dass sich ein Organ mit der Bewegung seines Umfeldes, z.B. dem Zwerchfell bei der Atmung

bewegt. Das Zwerchfell schiebt die Organe während der Atmung in ganz bestimmte Richtungen. Jedes Organ hat eine festgelegte Achse um die es sich bewegt.

2. Motilität, *Jean-Pierre Barral*, ein französischer Osteopath, hat entdeckt, dass sich Organe unabhängig von der Atmung bewegen. Das heißt sie vollziehen eine ganz feine Eigenbewegung. Wir können das fühlen, wenn wir sehr vorsichtig z.B. die Nieren berühren. Es ist fast als würden die Organe schweben. Diese feine Bewegung hat ihren eigenen Grundrhythmus und bewegt die Organe entweder auf unsere Körperachse zu oder davon weg. Diese Erkenntnis wird vor allem in der von *Barral* entwickelten viszeralen (Eingeweide-) Osteopathie eingesetzt.

Daraus wird ersichtlich, dass die Organfaszien genauso wichtig für unsere Aufrichtung sind wie die myofasziale Einheit von Faszien- und Muskelfasern. Ohne das Auf- und Absteigen der Nieren während der Atmung wäre die geschwungene Form der Wirbelsäule nicht möglich, ebenso wäre das nicht möglich, wenn Herz oder Lunge fehlen würden. Ohne die Gebärmutter würde das Kreuzbein bei Frauen nach vorne fallen. Das kann z.B. nach dem Entfernen der Gebärmutter zum Problem werden, denn es gibt bestimmte Bänder, die vom Gebärmutterhals nach hinten zu den Beckenknochen verlaufen. In der modernen Chirurgie ist das bekannt und man versucht, so viel wie möglich von diesen Bändern zu belassen um weiterhin eine Stabilisierung zu gewährleisten.

Die Form und Struktur unseres Körpers hängt von der Wechselwirkung zwischen Muskelfaszien und Organfaszien ab. Es gibt zwar Gemeinsamkeiten bei den Muskel- und den Organfaszien aber auch, auf Grund ihrer unterschiedlichen Funktionen, ebenso große Unterschiede.

Sehen wir uns nun einmal unseren Rücken an. Meiner Meinung nach wird in der Orthopädie bei Rückenschmerzen immer sofort der Fokus auf die Wirbelsäule gelegt. Es ist auch nicht die Wirbelsäule, die unser Gewicht tragen soll, sie sollte eher das Gewicht verteilen. Einer meiner Lehrer gab uns etwas zum Lachen, als er uns fragte, wozu die Wirbelsäule da sei. Jeder von uns hat sich tausend schlaue Dinge überlegt und er grinste immer breiter. Am Schluss sagte er: „Alles falsch! Die Wirbelsäule ist nur dazu da, damit der Kopf nicht in die Unterhose fällt!" Im Grunde hat er Recht. Wenn die einzelnen Wirbel anfangen Gewicht tragen zu müssen, wird es für die Bandscheiben gefährlich. Bandscheiben können nur einen gewissen Druck aushalten, sie haben nur eine Stoßdämpferfunktion. Die richtige Spannung in der hinteren Muskelfaszienkette sorgt für eine gesunde Wirbelsäule.

Was ist die hintere Muskelfaszienkette? Sie zieht sich von der Fußsohle durchgehend bis zur Stirn durch. Natürlich heißen die Muskeln alle anders, sind jedoch miteinander verbunden, d.h. eine durchgehende Kette, die sich gegenseitig beeinflusst. Die wichtigsten Faszien unseres Rückens haben zwei ganz besondere Formen. Entweder sie sind röhrenartig oder flächig. Je nachdem wie diese Elemente kombiniert sind, entsteht die ganz eigene Form des Rückens eines jeden Menschen. Dies sieht bei jedem Menschen einzigartig aus. Zwei Grundformen des menschlichen Rückens sind jedoch zu unterscheiden:

1. Flachrücken – der Rücken sieht von der Seite eher gerade aus

2. Rundrücken – entweder starkes Hohlkreuz oder eine starke Wölbung im Bereich der Hals oder Brustwirbelsäule

Diese Formen werden in der Hauptsache von der entsprechenden Faszienspannung beeinflusst.

Die Stärke unserer Muskeln ist nicht entscheidend ob wir chronische Schmerzen in den Gelenken haben oder unsere Wirbelsäule ständig Beschwerden macht oder ob wir leistungsfähig sind. Das Ausschlaggebende ist das gesamte Fasziensystem!

Ein 60jähriger Patient kam mit starken Beschwerden im gesamten Rücken in die Praxis. Im Bereich der Lendenwirbelsäule hatte er bereits eine Spinalkanalstenosen-Operation. Eine Operation im Bereich der Halswirbelsäule war vorgesehen. Er war schon bei einigen Orthopäden und ging regelmäßig zur Krankengymnastik. Er hat eine extreme Skoliose. Er sagte mir, sie sei angeboren. Das gibt es nicht! Nur hatte man damals noch nicht die Kenntnisse, die man heute hat. Dieser Patient ist mit großer Wahrscheinlichkeit mit einem Plagiocephalus (asymmetrisch verschobener Schädel) geboren worden oder hat ihn durch falsches Liegen erworben. Das ist heute noch zu sehen als auch zu tasten. Das bedeutet, dass der oberste Halswirbel nicht ausgerichtet sein kann und dadurch die Skoliose entstanden ist um, den Körper wieder „ins Lot" zu bringen. Durch diese unbewusste Körperarbeit stehen die Faszien unter einer permanenten Fehlspannung. In jungen Jahren kann der Körper noch vieles ausgleichen. Wenn aber durch jahrzehntelange Kompensation, falsche Ernährung, viel Stress, zu wenig Flüssigkeitsaufnahme das Fasziensystem immer zäher und unbeweglicher wird, beginnt ein Teufelskreis.

Ich arbeitete mit dem Patienten mit Craniosacraltherapie und myofaszial. Er fühlte sich bereits nach der ersten Behandlung besser. Ich zeigte ihm, was er selbst mit bestimmten Dehnungsübungen und mit Selbstbehandlung von Triggerpunkten machen kann. Ich bat ihn auch, einige Dinge in seiner Ernährung zu überdenken. Die Skoliose kriegt man natürlich nicht weg, aber man kann diesem Patienten durch die Arbeit mit dem Fasziengewebe eine große Erleichterung verschaffen. Das ist nicht durch normale Krankengymnastik und auch nicht durch Cortisonspritzen zu erreichen. Allerdings gehört auch eine gewisse Selbstdisziplin des Patienten dazu.

Meist orientieren wir uns bei der Arbeit mit dem Fasziensystem nicht unbedingt am Schmerz direkt. Sicher ist auch eine symptombezogene Behandlung gut und richtig. Wenn wir jedoch eine länger anhaltende Verbesserung erreichen möchten, so ist es sinnvoll das ganze System – sprich den ganzen Körper zu behandeln. Zu viel Stress und unnötige Spannung beeinflusst den gesamten Organismus, gerade weil das Fasziensystem eine komplette Vernetzung hat. Möglicherweise hat der Schulterschmerz, der mich den Arm nicht mehr heben lässt, nicht viel mit der Schulter zu tun und ist nur der Endpunkt einer Spannungskette, die an einem anderen Ende ihren Anfang hat. Das kann z.B. im Becken sein, aber auch im Zwerchfell, möglicherweise spielt sogar das Spannungsmuster im Fuß eine Rolle. Ein Platt-, Senk-, oder Spreizfuß hat keine physiologische Wölbung und somit ist die Beweglichkeit und Durchlässigkeit der sogenannten Plantarfaszien stark eingeschränkt, was sich in den hinteren Beinfaszien fortsetzt. Die Arbeit der Muskulatur ist dadurch beeinträchtigt. Das setzt sich bis in den Nacken fort und kann z.B. zu einer Dauerspannung im Nacken führen.

Die jüngsten Forschungsergebnisse zeigen, dass das Bindegewebe nicht nur über ganz eigene Schmerzrezeptoren (Nozirezeptoren) verfügt, sondern auch an das sympathische Nervensystem angeschlossen ist. Das heißt, dass Faszien auf Stress reagieren.

Die meisten Menschen haben leichte bis schwere Fehl- und/oder Schonhaltungen. Dazu kommen Bewegungsmangel und der

Alterungsprozess, der das Gewebe zäher werden lässt. Ebenso ist es bei spastischen Lähmungen und starken Spannungen, die sich durch Narbengewebe aufbauen. Dies führt zu Verkrampfungen und Fehlspannungen, sodass sich die Faszien verändern. Sie werden dick, hart und verlieren ihre Elastizität.

Beim jungen Menschen könnte man die Beschaffenheit des Gewebes mit der feinen Gitterstruktur einer Nylonstrumpfhose vergleichen – also eine große Elastizität. Je älter wir werden umso mehr Querfasern bauen sich ein und die Elastizität nimmt ab. Das Gewebe wird sogar spröde und es kann zu starken Verklebungen führen, zu Schmerzen, die wiederum die Kraftübertragung verändern und einschränken.

Die gute Nachricht ist, dass man mit gezieltem Faszientraining, Engpassdehnungen und Triggern von Spannungspunkten präventiv arbeiten kann. In vielen Fällen ist es möglich, die Fehlspannung rückgängig zu machen. Das Training bewirkt eine Stimulation der Zellen im Bindegewebe, die sogenannten Fibroblasten, und bewirkt eine Erneuerung des kollagenen Netzes.

Fibroblasten sind die einzigen Körperzellen, die lebenslang die einzigartige Fähigkeit bewahren, an jeden Punkt des Körpers zu wandern, ihre innere Chemie den jeweiligen örtlichen Verhältnissen anzupassen und spezifische strukturelle Gewebeformen zu produzieren, die für dieses Gebiet geeignet sind. Keine andere Zelle ist in so vielfältiger Weise regenerativ tätig; die Fibroblasten bilden das Schlüsselelement bei der Heilung von Wunden aller Art. Narbengewebe etwa ist frisches Collagen, abgesondert von Fibroblasten, die zum Ort der Verletzung gewandert sind.

Fazien können einem Zug bis zu 6 kg/mm² standhalten, d.h. sie sind im Vergleich zu Stahl stärker, bezogen auf das Eigengewicht.

„Den neuesten Untersuchungen zufolge sind etwa 9 bis 14 Wochen nötig um eine messbare positive Veränderung zu erzielen", sagt *Dr. Robert Schleip*.

Ebenso ist eine gute Versorgung mit Wasser äußerst wichtig! Ein elastisches, gut funktionierendes Fasziennetz reduziert logischerweise den Energieaufwand bei Bewegungen. Das spielt vor allem beim Leistungssport eine wichtige Rolle.

## Was hat das Alles mit meinem Kind zu tun?

Wahrscheinlich ist Ihnen inzwischen beim Lesen bewusst geworden, was es bedeutet ein gut funktionierendes, ausgeglichenes Fasziensystem zu haben und wie wichtig es ist, Ihrem Kind dabei zu helfen, dass dieses System sich symmetrisch und altersgemäß entwickeln kann. Dazu ist es notwendig schon beim Baby anzufangen. Beobachten Sie Ihr Neugeborenes in den ersten Wochen und überprüfen Sie:

1. Kann es den Kopf auf beide Seiten drehen?
2. Ist die Wirbelsäule gerade oder hat sie eine C-Form?
3. Wie bewegt sich mein Kind?
4. Kann mein Kind sich ausstrecken oder überstreckt es sich?
5. Gibt es eine Verformung des Schädels?

Wenn Sie hier Unregelmäßigkeiten entdecken, dann wenden Sie sich möglichst bald an einen Craniosacraltherapeuten oder Osteopathen. Denn diese frühen Unregelmäßigkeiten wirken sich auf die entsprechende Entwicklung des Fasziengerüstes aus.

Später dann:

1. Wie dreht es sich?
2. Wie krabbelt es oder krabbelt es überhaupt?
3. Lassen Sie es nicht sitzen, bevor es dies von alleine tut
4. Wie steht es auf und wie läuft es?
5. Viel barfuß laufen lassen, damit die Plantarfaszie (Faszie der Fußsohle) die richtigen und vor allem genügend Reize bekommt um ein gesundes Fußgewölbe aufzubauen.

In dieser ersten Phase des Lebens vom Wurm zum Vierfüßler und zum aufrechten Gang kann man das Kind in seiner körperlichen Entwicklung maximal unterstützen. Später wird es immer schwieriger Strukturfehler zu korrigieren.

Fallbeispiel

Jakob, ein 8 jähriger Junge, kam zu mir, weil er immer noch auf den Zehenspitzen lief. Eine Bekannte der Familie machte den Vater darauf aufmerksam. Für die Eltern war das eher normal, weil der Kinderarzt nichts dazu gesagt hatte. Ich musste den Eltern mitteilen, dass es mehr als höchste Zeit war etwas zu unternehmen. Der Junge hatte eine massive Verkürzung der gesamten hinteren Muskelfaszienkette und konnte tatsächlich die Ferse nicht auf den Boden bringen. Da besteht die Gefahr einer sehr frühen Sprunggelenksarthrose, die in so einer extremen Fehlstellung bereits mit etwa 12 bis 13 Jahren auftreten kann! Und dann?

Ich begann myofaszial zu arbeiten und gab ihm Dehnungsübungen mit, die er zuhause täglich üben musste. Zusätzlich bat ich die Eltern, dringend einen Kinderorthopäden aufzusuchen. Mit Hilfe von Orthesen (orthopädische Gehhilfe) und der regelmäßigen Faszienarbeit, konnte Jakob nach einem halben Jahr endlich den Fuß komplett aufsetzen. Danach ist aber immer noch eine myofasziale Weiterbehandlung nötig, ebenso regelmäßige Dehnübungen. Die Dehnübungen wird er weitermachen müssen bis er ausgewachsen ist und auch eine Faszienbehandlung in größeren Abständen wird notwendig sein, ihm dabei zu helfen, dass sich sein Körper gesund weiter entwickeln kann.

Das war ein großer Aufwand und für den Buben nicht einfach. Ich bin sehr froh, dass ich da weiterhelfen konnte. Dennoch hätte man sich das alles sparen können, wenn man das schon ganz am Anfang korrigiert hätte. Es geht nicht darum Vorwürfe zu machen. Ich glaube, es liegt daran, dass es hierzu allgemein viel zu wenig Information gibt. Ich möchte Sie motivieren hinzuschauen – nicht nur beim eigenen Kind – sondern auch Freunde, Eltern im Kindergarten oder Eltern von Mitschülern Ihrer Kinder aufmerksam zu machen. Man kann im kindlichen Alter noch viele Spätfolgen wie Haltungsschäden, Migräne, ja Schmerzsyndrome verhindern.

Am einfachsten zu korrigieren sind Auffälligkeiten bei Babys bis zu einem halben Jahr. Da ist alles noch weich und gut beeinflussbar. Vor allem bei Schädelauffälligkeiten ist dies die beste Zeit für eine Korrektur (auch nochmal nachzulesen im Kapitel über Craniosacraltherapie). Wenn z.B. eine extreme Verformung, wie ein Plagiocephalus vorliegt, dann reicht möglicherweise eine craniosacrale Behandlung nicht aus und müsste mit einer Helmtherapie verbunden werden. Diese ist aber nur bis zu einem halben Jahr machbar.

Auch bei Wirbelsäulenasymmetrien ist eine frühe Behandlung der Faszien in Kombination mit craniosacraler Osteopathie oder Osteopathie notwendig.

Diese Asymmetrien können verschiedene Ursachen haben, sie können z.B. entstehen:

1. Durch die Lage im Mutterleib
2. Durch starken Stress während der Schwangerschaft
3. Durch die Geburt

Selina, 2 Wochen jung, wurde mir von ihrer Mutter gebracht, weil sie immer noch völlig in Embryonalhaltung war und zwar so, dass sie sich nicht wirklich „aufrollen" konnte. Selinas Mama hatte starken Stress in der Schwangerschaft mit dem Vater des Kindes. Er wurde wohl immer wieder handgreiflich und verließ die werdende Mutter kurz vor der Geburt mit wüsten Drohungen in Bezug auf Unterhalt und Sorgerecht. Die junge Mama war in der Schwangerschaft dieser Situation nicht gewachsen – wie auch? Sie hatte ihren Job aufgegeben, keine Wohnung und musste zu ihren Eltern ziehen. Selina hat diesen Stress natürlich über die Stresshormone der Mutter abbekommen und hat sich immer mehr „eingerollt" – Schutzhaltung. Dabei hatte sie den Psoasmuskel immer mehr angespannt. (Dieser Muskel bewirkt eine Beugung der Hüfte und eine Beugung der Wirbelsäule) er wird auch oft der große Angstmuskel genannt. Nachdem ich mir lange Zeit gelassen hatte mit dem kleinen Körper sanft und flächig zu arbeiten, fing ich vorsichtig an, mich an den Psoasmuskel heranzutasten. Kaum hatte ich diesen Muskel berührt und gleichzeitig mit der kleinen Maus gesprochen, – dass jetzt alles vorbei ist und sie jetzt einfach loslassen kann – da ging ein Schauer durch das kleine Wesen und fast schlagartig entspannte sich der Muskel. Das erste Mal in ihrem kurzen Leben konnte sie sich ausstrecken! Sowohl ihre Mama als auch ich waren tief berührt mit welcher Wohligkeit und ziemlich lustigen Grimassen sie sich in ihren Körper hinein dehnte.

Der extreme Einfluss von Stress auf das Fasziensystem des Ungeborenen ist mir bei einer Dokumentation zu einer Totgeburt bewusst geworden. Das tote Kind hatte solche Faszienverwringungen, dass es sich selbst „das Leben abgedreht" hatte. Grausam!

Wie wunderbar ist es, wenn man früh genug korrigierend oder präventiv arbeiten und begleiten kann!

Es ist nicht nur für die kleinen Patienten und ihre Eltern eine große Erleichterung, auch ich bin immer wieder tief beglückt diese wunderbare Arbeit machen zu dürfen!

# Literatur

Agustoni, Daniel: *Craniosacral-Therapie für Kinder, Grundlagen und Praxis ganzheitlicher Heilung und Gesundheit*, 2008, München, Kösel

Ahr, B.: *Wie sie Ihr Baby mit sanfter Massage verwöhnen*, 1998, Stuttgart, Trias

Alberti, Bettina: *Die Seele fühlt von Anfang an. Wie pränatale Erfahrungen unsere Beziehungsfähigkeit prägen*, 2005, München, Kösel

Biedermann, Heiner u.a.: *Auf die Welt gekommen*, 2000, Berlin, Leutner

Blechschmidt, Erich: *Wie beginnt das menschliche Leben*, 7. A. 2002, Stein am Rhein, Christiana-Verlag

Braden, Gregg, *Im Einklang mit der göttlichen Matrix*, KOHA Verlag

Brazleton, T.B.: *Babys erstes Lebensjahr: Unterschiede in der geistigen und körperlichen Entwicklung und Baby wird selbständig. Das Kind im 2. und 3. Lebensjahr*, 1983, München, dtv

Chamberlain, D.B.: 1992 *Babies remember birth. Los Angeles: deutsch: Woran Babys sich erinnern: Die Anfänge unseres Bewusstseins im Mutterleib*, 1994, München, Kösel

Eisenstein, Charles, *Die schönere Welt die unser Herz kennt, ist möglich*, 2014, München, SCORPIO-Verlag

Eliot, Lise: *Was geht da drinnen vor?* 2010, Berlin, Berlin Verlag GmbH

Goddard Blythe, Sally: *Warum Ihr Kind Bewegung braucht*, 2005, Freiburg, VAK Verlags GmbH

Hellinger, Bert: *Die Mitte fühlt sich leicht an*, 2003, 6.A., München, Kösel

Hellinger, Bert: *Ordnung und Krankheit, Video, 1*995, Heidelberg, Carl-Auer-Systeme

Hellinger, Bert: *Wo Ohnmacht Frieden stiftet, Familien und Kurzzeittherapien mit Opfern von Trauma, Schicksal und Schuld.* 2000, Heidelberg, Carl-Auer-Systeme

Hellinger, Bert: *Liebe auf den zweiten Blick. Lösungen für Paare,* 2002, Freiburg i. Br., Herder

Janus, Ludwig: *Der Seelenraum des Ungeborenen,* 2000, Düsseldorf, Walter c/o Patmos

Janus, Ludwig: *Wie die Seele entsteht. ND.*, 1997, Heidelberg, Mattes

Klinghardt, Dietrich: *Lehrbuch der Psychokinesiologie,* 2004, 6.A., Stuttgart, Institut für Neurobiologie

Klinghardt, Dietrich: *Psychokinesiologie, Video,* 2004, Karlsruhe, Steinhardt

Klinghardt, Dietrich: *Psychokinesiologie, Workshop, Video,* 2004, Karlsruhe, Steinhardt

Kutschera, Ilse und Christine Schäffler: *Was ist nur mit mir los?* 2004, 3.A., München, Kösel

Liedloff, Jean: *Auf der Suche nach dem verlorenen Glück,* Beck'sche Reihe, 2006, München, C.H.Beck

Liem, Torsten: *Kraniosacrale Osteopathie,* 2005, 4. erw. A., Stuttgart, Hippokrates

Manitonquat: *Die ursprünglichen Weisungen*, Eigenverlag, www.circleway.org

Mohr-Bartsch, Anne: *kleine Sorgenkinder,* 2007, München, Kösel

Montague, A.: *Körperkontakt. Die Bedeutung der Haut für die Entwicklung des Menschen,* 2004, Stuttgart, Klett-Cotta

Netter, Frank: *Nervensystem I, Neuroanatomie und Physiologie,* 2005, 2. üa. A., Stuttgart/New York, Thieme

Nilson, L.: *A child is born (rev.ed.) New York: delacorte Press, dt. Ein Kind entsteht,* 1990, München, Mosaik

Panthuraamphorn, C.: Prenatal infant stimulation program. In: Blum, T. (Hrsg.): *Prenatal percetion,learnig & bonding,* 1990, Leonardo; Bezug über Textstudie Gross, Brahmstr. 1, 69118 Heidelberg

Reinhard Jennifer: *Die unterschätzte Macht, Fokus Nr. 46/15,* 2015, München, Fokus Magazin Verlag GmbH

Schäfer, Thomas: *Was die Seele krank macht und was sie heil. Die psychotherapeutische Arbeit Bert Hellingers,* 2000, München, Knaur Taschenbuch

Schäfer, Thomas: *Wenn Liebe allein den Kindern nicht hilft,* 2004, München, Knaur

Schleip, Robert Dr.: *Faszien Fitness,* 2015, München, riva Verlag

Schweizer, C. und Irina Prekop: „*Was unsere Kinder unruhig macht.* " *Ein Elternratgeber. Aufklärung über Ursachen der Hyperaktivität.* 1997, Stuttgart, Trias

Schwind, Peter: *Faszien, Gewebe des Lebens,* 2014, IRISIANA

Solter, Aletha J.: *Warum Babys weinen. Die Gefühle von Kleinkindern,* 1998, München, Kösel

Streidl, Barbara: *Lasst Väter Vater sein, eine Streitschrift,* 2015, Weinheim, Verlagsgruppe Beltz